恐懼的哲學

Frykt

Lars Fr. H. Svendsen

拉斯・史文德森　著
蔡耀緯　譯

愛為何始終不能像恐懼那樣觸及我心？

——定冠詞樂團（The The），〈比午夜更憂鬱〉（*Bluer than Midnight*），
收錄於專輯《薄暮》（*Dusk*, 1993）

前言 007
1 恐懼文化 013
2 何謂恐懼？ 029
3 恐懼與風險 067
4 恐懼的吸引力 101
5 恐懼與信任 129
6 恐懼的政治 145
7 超越恐懼？ 175
引用文獻 001

前言

本書是我對於我們的生活世界（life-world）遭受恐懼殖民，感到愈來愈惱怒而產生的結果。受恐懼刺激而成的書籍皆有論戰傾向，本書也不例外。本書抨擊的是運用恐懼視角考量幾乎一切現象的趨勢。恐懼文化其中一項自相矛盾的特徵，正是它興起於人們生活的安全程度從各方面說來皆屬於人類史上前所未見的這個時代。我最重要的一項反恐懼文化論證，就是它侵害了我們的自由。

我曾著書討論過我們活在厭煩文化中，而後再寫一本書討論我們活在恐懼文化中，或許顯得怪異。這兩本書分別將我們當今的文化診斷為恐懼文化和厭煩文化，表面看來似乎互相矛盾。要是心中充滿恐懼，就不會感到厭煩。但一切生命都會同時包含這兩種元素。菲利普．拉金（Philip Larkin）在詩作〈多克利與兒子〉（*Dockery and Son*, 1963）之中，似乎暗指這兩種情感大致說來總結了人類存在：「生命先是厭煩，而後是恐懼」。

每個社會（尤其後現代社會）都由許多截然不同的運動和現象形塑。但厭煩和恐懼這樣的兩種現象卻不純粹是彼此對立，兩者也能彼此支撐強化。恐懼不只是我們被迫違背本意而遭遇的事物；它也往往是我們試圖超越某種平庸且令人厭煩的日常存在而自願遭遇的事物。我在本書中試圖釐清恐懼是怎樣一種情感，它在今天的文化中發揮什麼作用，尤其是它能發揮何種政治作用。

本書共有七章。我在第一章簡述「恐懼文化」，也就是恐懼如何成為一種被文化決定的放大鏡，讓我們透過它打量世界。第二章試圖敘述恐懼是怎樣一種現象，並採用多種不同方法，從神經生物學到現象學不一而足。第三章探討恐懼在「風險社會」的作用，並表明我們將風險最小化的企圖，含有許多非理性的層面。第四章講述的事實，是我們往往自願追求駭人之事（例如在極限運動和娛樂之中），考慮到我們通常試圖迴避恐懼根源，此舉顯得自相矛盾。第五章思考「信任」這一概念，並指出恐懼文化損害信任的效果，信任受損隨之增強了恐懼的規模。當一般信任（general trust）減損，就會產生瓦解社會關係的效果，即使恐懼本身也有可能發揮整合效果。這種整合作用是許多政治哲學的主旨所在，尤其是馬基維利（Niccolò Machiavelli）和霍布斯（Thomas Hobbes），第六章看待恐懼作爲政治哲學基礎的作用，以及近年來「反恐戰爭」對於恐懼的政治運用。最後一章則叩問擺脫恐懼的方法，叩問我們能否破解今日圍繞在身邊的恐懼氣氛。

有一個主題只會稍稍帶過，那就是一般而言對死亡的恐懼，由於它是個廣泛的主題（需要將我們對死亡的概念徹底主題化），因此必須在他處探討。焦慮（或不安）也只會同樣簡短地觸及。顯而易見的問題在於：在哲學傳統上探討焦慮多過恐懼之際，爲何要寫一本「恐懼的哲學」？既然焦慮被額外歸屬了形上學的重要意涵，恐懼相形之下就會顯得不足掛齒。焦慮「深沉」，而恐懼「淺薄」。我們可以套用羅蘭・巴特（Roland Barthes）的話，說恐懼會顯現爲一種「庸俗又不值得的情感」。[1] 儘管如此，恐懼如今的文化和政治後果，看來卻更大於焦慮。除此之外，擺脫掉伴隨焦慮概念而來的一切「形上學隨身包袱」，基本上頗令人愉悅。

感謝安妮・格蘭伯格（Anne Granberg）、海爾格・約德海姆（Helge Jordheim）、英格麗・桑德・拉森（Ingrid Sande Larsen）、托瑪斯・塞維紐斯・尼爾森（Thomas

Sevenius Nilson）、艾利克・托爾斯登森（Erik Thorstensen）、英格麗・烏格爾維克（Ingrid Ugelvik）以及克努特・奧拉夫・阿莫斯（Knut Olav Åmås）評論書稿。仍然存在的一切失誤、不準確和謬誤之處，皆由我負起全責。

1 恐懼文化

活在恐懼之中的感覺很特別，可不是嗎？
這就是身為奴隸的感受。

——人造人羅伊・巴蒂（Roy Batty），電影《銀翼殺手》（*Blade Runner*, 1982）

噢，寶貝，恐懼又來了，
末日又近了。

——果漿樂團（Pulp），〈恐懼〉（*The Fear*），收錄於專輯《這就是硬核》（*This Is Hardcore*, 1998）

在機場通過安全檢查，如今成了某種煎熬。它可以令你滿心懷念地回想起不過幾年前，只要把口袋裡的硬幣和鑰匙全掏出來，差不多就能直接穿越的那些日子。我出外旅行通常當日來回，因此行李只有提包裡的一、兩本書和幾份報告。但我總是帶著一件顯然會被當成是安全風險的物品：打火機。於是我得從口袋裡把它拿出來，放進透明塑膠袋，單獨送它過安檢門，再從塑膠袋裡取出，收回口袋。更長途的旅行還需要隨身攜帶牙膏、體香劑和洗髮精，而所有可被廣義界定爲「液體」的東西，全都得裝進透明塑膠袋，總重不得超過一公升，其中每一件容器都不得超過一百毫升。要是你帶著半瓶洗髮精，整瓶裝滿會有一百五十毫升的話，就得把它留在安檢區之外。當然更不用想隨身攜帶一瓶水或酒了。

這些新法規是二〇〇六年秋天在倫敦破獲、企圖使用液態爆裂物爆破客機的恐怖攻擊計畫所致。換言之，每年限制千百萬旅客自由的這些法規，其正當理由來自一場並未發生的恐怖攻擊。但旅客卻接受自己的自由如此受限，而未見值得一提的抗爭。懼怕恐怖攻擊在此發揮了王牌作用，勝過其他一切考量。

這只不過是恐懼形塑我們行動空間的諸多事例之一。就社會上再也沒有哪個領域不適用恐懼視角這層意義來說，恐懼彷彿變得無所不包。恐懼成了掌控大眾的情感，多名社會科學家如今宣稱，將今天的社會稱作一種「恐懼文化」最爲貼切。[1]恐懼成了一面由文化決定的放大鏡，我們透過它來思量這個世界。

路德維希・維根斯坦（Ludwig Wittgenstein）在《邏輯哲學論》（*Tractatus logico-philosophicus*）一書中寫道：「幸福者的世界完全不同於不幸者的世界。」[2]把維根斯坦的表述稍加改變，我們可以這麼寫：安心者的世界不同於懼怕者的世界。尚－保羅・沙特（Jean-Paul Sartre）強調這點：「一種完全改變世界的情感。」[3]安心的人生活在可靠的世界（「安全」一詞意指「不被恐懼、懷疑或脆弱的情感所困擾」），不安的人則活在一個隨時有可能對自己不利的世界，生存基礎隨時有可能被奪去。危險到處威脅著我們：在黑暗的街頭和自宅之中，陌生人和最親近的人皆然，不僅在自然也在科技之內，體內與外在力量皆有。看來再也沒有什麼眞正安全的事物了。

在恐懼中，我們遭遇的是我們自身之外的事物，而我們所遭遇的正是我們所渴望的受到否定。我們懼怕生命中的重要事物被摧毀或被奪取，例如自由、尊嚴、健康、社會地位，乃至（推到最極端）性命。我們不只爲自己懼怕，也爲別人懼怕，尤其爲親近的人們懼怕。當其中任何一項遭受威脅，恐懼便是自然反應。我們想要保護自己免受這些威脅。因爲對人類來說人生就是可怕的。蒙田（Michel de Montaigne）說過：「人類的虛弱意味著需要逃避的，多過需要爭取的。」[4] 關於恐懼似乎有些基本特質，而恐懼是《聖經》提及的第一種情感，這絕非巧合：亞當吃了知善惡樹上的果子，察覺自己赤身裸體之後，他先是害怕，而後羞恥。[5] 我們赤身裸體、手無寸鐵降生於世，而且（相較於多數其他動物）在往後的一生中仍處於這種不設防的狀態。

即使如此，這並不證明了恐懼是看待人生最適當的視角。可以說，一切對風險的覺知（或執迷），危害更大於除此之外存在的所有風險。[6] 我的論點並不是說我們生活在一個沒有危險的世界。比方說，看來是顯而易見的，全球暖化可能帶給整個地球極爲劇烈的後果。在大多數一定規模的城市裡，人們應該在白天或夜晚某些時段遠離特定地點，因爲遇襲的危險性很大。人們過馬路時也應該左顧右盼。我們應該懼怕各種各樣的現象。問題在於，我們彷彿用恐懼視角看待萬事萬物。

要是我們運用英國報紙檔案館（British Newspaper Archive）搜尋，會發現「處於危險中」（at risk）這個說法近十年來顯著增加，從一九九四年的兩千〇三十七筆，到二〇〇〇年的一萬八千〇三筆。[7]在挪威的報紙資料庫 a-text，我們也發現近十年來挪威文「恐懼」的出現次數顯著增加，從一九九六年的三千三百三十一次使用，到二〇〇六年的五千八百八十三次使用。[8]人們忍不住要把這種增加歸因於九一一恐怖攻擊，但有個耐人尋味的特點是，這種增加早在恐怖攻擊之前很久就已經開始。由此觀之，我們可以斷言，恐怖攻擊不僅增強了恐懼意識，也符合了某種既有模式——那樣的增加一直持續到今天。這些數字顯示，媒體不斷提醒著我們這世界是多麼「危險」——尤其是我們有多麼害怕這世界。

其他多項調查也證實了同樣的情況。比方說，資訊研究公司 Norstat 在二〇〇五年爲供應安全設備的西門子公司（Siemens）進行一項調查，其中一千名受訪者被問到，他們近年來是否變得更害怕遭遇許多現象。結果顯示，百分之五十一的受訪者變得更怕遭遇暴力犯罪，百分之四十七害怕交通事故，百分之三十六害怕恐怖行動，百分之二十六害怕火災，百分之十九害怕自然災害。[9]附帶一提，女性增加的幅度大於男性。

我們相信土地、空氣和水愈來愈受到汙染；犯罪不斷增加；食品愈發充斥著有害添加物及汙染物。我們想像自己愈發暴露於各種各樣的危險，危險也愈益頻繁且嚴重。有一項調查請人們評估九十種相去甚遠的潛在危險活動或物品，從慢跑、化妝品到恐怖主義和疫苗，只有二十五種被認爲危險性減輕，同時至少六十二種被認爲危險性增加——有十三種的危險性遽增。[10]多數風險分析者都會主張，調查中涵蓋的多數現象之危險程度實際上都顯著降低了。這項調查的結果絕非反常——恰好相反，有一種觀感普遍存在於多數人之間，那就是認爲我們今天暴露在大於以往的風險中，而且今後情況還會更壞。[11]

恐懼也會傳染。如果某人懼怕某件事物，這種恐懼就傾向於傳播給他人，而他人又會把恐懼傳播得更遠。即使這種恐懼起初並不具備理性基礎，傳染仍有可能發生。[12]即使許多人都害怕某件事物，我們也不能推論出這種現象確實值得懼怕。

風險意識甚至變得流行起來。「疑神疑鬼的時髦」（paranoia chic）是一種新趨勢。[13]剪裁時尚的防彈服裝據說大受歡迎。[14]二〇〇五至二〇〇六年間，紐約現代藝術博物館（Museum of Modern Art）舉辦了「安全：設計呈現風險」（*Safety: Design Takes on Risk*）展覽，展示了能夠這樣或那樣保護我們的形形色色物品，作爲尖端設計的範例。展覽圖錄如此陳述：「單純的保護需求，在今天轉變成了我們稱作時尚的複雜世界。」[15]策展人強調，恐懼是創意的源頭之一：「尤其在日常生活中，安全保障是一門不斷擴張的產業，因爲可能出錯的事物既然永無止境，設計所能帶來的創造和商業可能性也就永無止境。」[16]這次展覽的寓意在於：「好的設計結合好的直覺，是我們邁向更安全、更宜居世界的最有力保證。」[17]恐懼也成了建築的一項主題，建築物功能的其中一項要素，就是保護住民和使用者免於「外界」事物危害。[18]

我們彷彿執迷於所有想像得到的危險。我們不只懼怕危險而已：危險也是好的娛樂。英國電視系列節目《你以爲自己安全嗎？》（*So You Think You're Safe?*）就是其中一例。這一系列節目探討日常生活中的潛在危險，強調現代人在完全正常的一天之中可能遭逢的所有意外。這正是表現後現代偏執狂的最完美節目。對一個帶有些許自嘲的偏執狂，可以向他推薦《我怕你也怕：需要懼怕的四百四十八件事及其理由》（*I'm Afraid, You're Afraid: 448 Things to Fear and Why*）——這本書可說是日常生活中一切危險事物的袖珍百科全書。[19]近年來，一系列書籍問世，內容都在聲稱各式各樣的全球災害迫在眉睫。賈德・戴蒙（Jared Diamond）的《大崩壞：人類社會的明天？》（*Collapse: How Societies Choose to Fail or Succeed*）、詹姆士・霍華・康斯勒（James Howard Kunstler）的《沒有石油的明天：能源枯竭的全球化衝擊》（*The Long Emergency: Surviving the End of Oil, Climate Change, and Other Converging Catastrophes of the Twenty-First Century*），以及尤金・林登（Eugene Linden）的《轉變之風：氣候、天氣與文明毀滅》（*The Winds of Change: Climate, Weather and the Destruction of Civilizations*），是其中最爲流行的幾本。[20]此外，還有教導人們在災害眞正發生時該怎麼做的自助書，例如馬修・史坦（Matthew Stein）的《科技失靈時：自力更生與行星生存指南》（*When Technology Fails: A Manual for Self-Reliance and Planetary Survival*），以及傑克・斯皮加雷利（Jack A. Spigarelli）的《危機預備手冊：家用收納與生存全覽》（*Crisis Preparedness Handbook: A Complete Guide to Home Storage and Physical Survival*）。[21]根據這些書籍，人們忍不住要相信世界末日就在眼前。

恐懼尤其是公共機構、政黨和壓力團體的一項重要政治資源。在舊有意識型態不再具有如此強大動員力量的這個時代，恐懼成了政治論述中最強而有力的一個動因。恐懼創造了某種訊息得以傳達的條件，也可以用來削弱對手、減輕對手掌權的迫切危害。現代政治或政黨候選人的討論，通常僅止於探究最令我們擔憂的恐懼應該是哪種。

這些政治參與者在此與大眾媒體完美共生，畢竟讓人們受到驚嚇無疑有助於銷售報紙，並吸引觀眾到電視螢幕前——正因如此，電視新聞和報紙往往看似爭相報導最駭人的消息。娛樂產業也參與其中。像是《明天過後》（*The Day After Tomorrow*, 2004）這樣的電影得到許多環保運動人士的擁護，因爲它傳遞了「正確」訊息，即使從科學觀點來說，除了「我們正在面臨嚴重的環境問題」這個多少顯而易見的事實之外，它對於全球暖化的描述多半都弄錯了。

地質學者亨里克．斯文森（Henrik Svensen）在探討自然災害的《末日將至》（*The End is Nigh*）一書中寫道：「要是我們思考眼前即將發生的事，自然災害會變得愈來愈頻繁。人造的氣候變遷和全球暖化，會導致天氣更加極端。颶風可能變得更猛烈、山崩更加頻繁、洪水氾濫破壞更大、乾旱期更長。」[22]該書接著在後文中陳述，自然災害可能且將會惡化，但陳述某件事可能發生的假設可能性，與陳述某件事確實會發生的必然性，兩者大不相同。陳述在可能性與實情之間轉移——只要是在可能性的範疇中，一切災害都伸手可及。

當然，多數跡象都顯示出氣候變遷確實應該令我們憂慮，但我們在這種新局面中每日遭遇的無數其他危險，卻幾乎不被這樣看待。迄今爲止，只要以足夠單向的方式提出資訊，任何事物都有可能被說成危險。[23]大眾媒體往往對於理想主義團體提出的資訊不予質問，即使事實上這些團體無疑都有其意圖，呈現資訊的方式也往往絕非公正。[24]並非人人都能接受各種不同壓力團體所推廣的恐懼，但許多人卻毫不質疑地接受這些斷言，而沒有更細心地考察其可能性。

有一個特徵反覆出現，那就是潛在危險被呈現得彷彿是眞實危險。這世界充斥著潛在危險。可能會有人在火車駛近時把你推下軌道；小行星可能墜落在你頭上；你搭乘的班機可能遭到恐怖分子劫持。但把這些事情的發生當成日常生活的基礎卻絕非上策。大多數潛在危險始終不曾轉變成眞實危險。

每個時代都有自己的恐懼，但恐懼的內容卻隨著時代而變。如今，在我們的世界裡幾乎沒有多少人懼怕永世沉淪（eternal perdition），但有更多人害怕癌症、恐怖主義和生態災難。英國的一項調查聲稱，該國半數的十一歲兒童經常因擔憂氣候變遷而夜不成眠。[25]在我成長的那些年，核戰威脅是最強大的末日恐懼來源。我大概屬於相信著核戰危險迫在眉睫、人類可能因此滅絕而長大的最後一代（或至少暫時是最後一代）。「核冬天」（nuclear winter）這樣的表述，是我們想像中未來的一部分。一九八三年，全英國半數以上的青少年都相信，核戰會在他們有生之年爆發。[26]核子武器如今仍是一大威脅，但即使有些人強調，核武落入恐怖分子手中是特別令人擔憂的局面，它卻不是大多數人意識中壓倒一切的巨大威脅。[27]核武更多時候反倒只是更大規模武器儲備的一部分，且更常以手提箱攜帶的小型炸彈形式出現，而非長程火箭形式。因爲小小一個塑膠袋就有可能在地鐵車廂中被戳破，讓沙林毒氣外洩，[28]或者炭疽桿菌可以裝進平凡的信封寄出，這些事態都極其駭人聽聞。問題在於，這樣一種恐懼應該在我們的生活中發揮什麼樣的作用。

「恐怖分子」可說是當今世界威脅性最強的人物。當然，恐怖主義並非新鮮事，但它完全順應於一個已經準備好懼怕大多數事物的全球化世界。恐怖主義原則上在任何時間、任何地點都可以發動攻擊；我們到處都不安全。但在恐怖攻擊中遇害的機率卻是微乎其微——本書第六章會談到這點。

要是我們考慮這世界的整體狀態，實際上世界局勢相較於長久以來已經有所好轉。今天的內戰、種族滅絕和人權侵害都比以往更少。[29]所有統計數據都顯示，西方人尤其生活在安全程度前所未見的社會之中，危害更少、應對危害的機會也多得前所未有。畢竟，我們得先過著備受保護的生活，才有閒工夫懼怕一切可能襲擊我們的潛在危險。恐懼始於我們害怕這樣那樣的事物，但重複得夠多次、擴及於更多現象之後，它就有可能成為看待生活的普遍視角。在這個許多方面都以社會解體（social disintegration）為其特徵的文化中，恐懼是我們共享的事物，是看待存在的統合視角。恐懼成了我們整套文化的基本特徵。英國社會學者法蘭克・福瑞迪（Frank Furedi）寫道：「西方社會愈發受到一種恐懼文化支配。界定這種文化的主要特徵，是確信人類正面臨著危害日常生存的強大毀滅力量。」[30]我們經常面臨著「末日近了」這種想法，不管我們應對的是基因改造食品（GM food）還是禽流感。此外，人類一生中可能包含的一舉一動，也無不凸顯出危險。

恐懼無疑是大眾媒體一種重要的行銷工具，得到的版面也愈來愈大。[31]大眾媒體努力打造出一種與實情不成比例的恐懼。它們用具致命危險的病毒、恐怖分子、戀童教師、暴力青少年、生態災難和有毒食品的故事轟炸我們。人們不禁要說，媒體發揮了至關重要的作用，使得危害或災難只在登上版面時才會成「眞」。收看大量電視節目的人，比其他人更傾向於認爲自己的左鄰右舍不安全；更相信犯罪正在增加、自己身處危險之中。[32]

大眾媒體的邏輯是這種恐懼文化得以成長的一個最重要原因，但同時也很明顯地，這種文化得以發展的原因在於我們易於聽信這種邏輯形式。從自然的角度看來，人類是極其缺乏遮蔽的生物。我們生在一個我們無力掌控的世界，而且彷彿終生處於存在的不確定性（existential uncertainty）之中。但我們的恐懼似乎越來越少以自身經驗爲依據。我們之中有多少人曾經遭受恐怖攻擊、曾被陌生人施暴、因食品添加物或新病毒而罹患重病？答案是少之又少。我們大多數人都能活到七、八十歲高壽而終，而不受到上述任何意外的嚴重影響。我們的人生如此受到保護，令我們得以集中心力於一連串潛在危險，而在可資確信的程度上，它們都不可能在我們的生命中成眞。我們的恐懼是奢侈的副產品，但眞實性卻不因此而減損。

2 何謂恐懼？

痛苦是有限的，而恐懼是無限的。

——弗朗西斯・培根（Francis Bacon），〈論謀叛與變亂〉（*Of Seditions and Troubles*），《培根論說文集》（*Essays*, 1625）

恐懼之所以興起爲一種演化現象，原因非常明顯：沒有感知恐懼能力的生物，生存及繁衍的機會更低。恐懼顯然經常對我們大有助益。恐懼讓我們準備得更周全，從而能幫助我們擺脫危險情境，或預先防止我們陷入危險。恐懼不僅保護我們不受掠食性動物及自然界其他危險的侵害，也保護我們不致於自已招來危險，像是不看路況就直直走進繁忙的車流中。恐懼讓我們得以存活。但恐懼也有可能產生失調。當恐懼與其對象產生差距，或恐懼導致我們「失去理智」，失調就會發生。在詳加探討我們對恐懼應該採取什麼樣的態度之前，我們應該更仔細探究恐懼實際上是怎樣一種現象。我打算運用從神經生理學到現象學的多種角度，最後將得出一種對恐懼的認知：很大程度上，恐懼可被描述爲一種受文化制約的習慣。

要能解答「何謂恐懼？」這個問題，我們或許應該同時解答「情感一般而言是什麼」這個問題。這問題可沒那麼簡單。「情感」一詞可能涵蓋各式各樣極其不同的現象——從痛苦、飢餓與口渴，到驕傲、嫉妒和愛，從幾乎純屬生理的領域，到幾乎完全屬於認知的領域。我們可以看出，首先被命名的情感更具「身體性」，最後被命名的則更有「心理性」。英文將「感覺」（feelings）與「情感」（emotions）區分開來，首先得名的更多是「感覺」，最後得名的則更多是「情感」。但應該指出，對於「感覺」與「情感」究竟應該如何劃分，什麼樣的狀態屬於「感覺」或「情感」，仍有不小歧見。

我無意在本章中對一般性的情感著墨太多，而是要頗爲直接地轉向恐懼，雖說如此，仍然必須觸及某些基本論點與理論。[1]社會人類學者保羅・艾克曼（Paul Ekman）主張有一套基本情感（basic emotions）存在，也就是在所有文化中都能找到，屬於天生而非習得的那些情感。[2]我們可以發現笛卡兒（Descartes）也表述過類似的想法。許多人支持這樣一個概念，但對於這類情感存在著多少、內容又是什麼，看法各異。多數人通常會把憤怒、恐懼、喜悅、噁心和訝異包含在內，但彼此並無共識。概觀十四份「基本情感」列表，引人注目之處在於，沒有哪一種情感是所有列表都包含在內的。[3]即使我們可以假定這樣一套基本情感存在，我們卻未必更接近於理解這些情感，因爲它們在不同文化脈絡中，表達的方式可能都大不相同。[4]文化規範看來對於決定哪些情感得以表達到什麼樣的程度至關重要。

情感通常被看成是純粹內在的，只能由感受者本身透過某種內省而達到。但它們並不只是被隱藏的純粹心理存在，也是外在可見的行爲、舉止和表情。它們存在於神色與姿態中，而非隱藏於其後。情感是存在於世間的一種方式，是理解世界並在世上行動的方式。鑑於情感不能脫離情感表達，而情感表達實際上在不同文化之間差異不小，由此亦可推知情感與文化相關。

現象學者莫里斯・梅洛－龐蒂（Maurice Merleau-Ponty）認爲，情緒與其身體表現之間有著強烈關聯。他強調，情感並是不存在於姿態背後或其下，而是涵蓋於姿態之中，或正是姿態本身：

> 面臨憤怒或威脅性的姿態，我不需要為了理解它而回想起我先前為了自身利益而運用這些姿態時所體驗到的感覺。我內心對於憤怒的模擬所知甚少，因此欠缺了由相似聯想或由類比推論的決定性要素。更重要的是，我不認為憤怒或威脅的態度是隱藏在姿態背後的精神事實，而是我從姿態中讀到憤怒。姿態並未讓我想到憤怒，它本身就是憤怒。[5]

這當然並不意味著我們無法隱藏某種情感，或是被隱藏的情感就不「眞實」，反倒是被隱藏的情感預先假定了外顯的情感。梅洛－龐蒂認爲情感、情感表達，以及這兩者之間的關係都是靈活的。他主張，不同情感的表達因不同文化而有差異：

> 實情是，關於憤怒或愛的行為，日本人和西方人是不同的。或者說得更準確

些，行為的差異反映了情感本身的差異。不僅姿態與身體組織的關係是隨機的，我們應對處境且生活的方式本身也是如此。[6]

在他看來，人類情感及其表達的「天生」與「約定俗成」層面不可能區別開來——天生與約定俗成無縫疊合在一起。有理由相信梅洛-龐蒂誇大了情感及其表達的隨機性質——但他確實言之成理。

有幾種情感的生理表現方式相當相似。在要求人們從照片中指認他人情感的調查裡，多數人能辨認出快樂、悲傷和憤怒的面容，而能夠辨認出驚恐面容的人則少得多，因爲驚恐往往與憤怒、懷疑和驚訝混淆。[7]這些情感受到主觀體驗時通常相當不同，即使必須承認，舉例來說，憤怒往往包含著幾分恐懼。

明確區分情感中的生物、生理及社會層面是極爲困難。即使情感無疑有其生物基礎，但它們顯然也同時受到個人經驗與社會規範的形塑。情感具有演化、社會和個人歷史，如果我們想理解它們，就必須考慮到這三個層面。情感不只是「天生」和直接的；它們也是社會構造。[8]某一特定情感宜於產生及顯現的時機，其規範因文化而異——也因社會地位而異。學習語言的能力是普遍人類現象的另一例，它同樣具有生物基礎，但語義資源更加因文化而異，也因個人而異。同樣道理看來也適用於情感。我們恐懼的對象及強烈程度，取決於我們對世界的概念，對存在於世之危險力量和我們從中自保可能性的概念。我們對情感的知識與體驗，並不獨立於它們發生的社會脈絡之外。

試圖理解情感的其中一種方法，是運用它們的生物化學層面爲出發點。但要在生物化學上區分恐懼與另外幾種情感卻很難——比方說，恐懼和憤怒的生物化學成分極爲相似。[9]正如下文所見，沒有一種明確的身體狀態是必要的，或者情感狀態也沒有一種充要條件：兩個人的身體狀態可能相同，但情感狀態卻不同；或者也有可能情感狀態相同，但身體狀態不同。同一種基本情感的變異，可能在不同時間對同一個人產生不同的身體關聯作用。試圖從生物化學指認恐懼的另一個問題，則在於不同的恐懼似乎會產生不同的生物化學關聯作用——害怕遭受暴力行爲的人，通常會分泌高濃度的腎上腺素；反之，害怕染病的人通常腎上腺素不會上升。

有些身體反應往往與恐懼相關，例如呼吸和心跳加快、渾身顫抖，或是一切動作「僵住」。在這方面老鼠和人類的生理學十分類似，腦部控制情感的中樞——杏仁核（amygdala）受到刺激，向下視丘（hypothalamus）和腦下垂體（pituitary gland）發送信號，由此導致壓力性荷爾蒙（stress hormones）從腎上腺釋放出來。如同其他動物，我們的腦藉由釋放大量腎上腺素及皮質醇（cortisol）等物質，加速對神經系統放電並將瞳孔放大，而對威脅作出反應。杏仁核發送信號的速度快到我們招架不住，理智毫無機會介入。

陷入恐懼之時，人類理性就是派不上多大用場。蒙田強調，這一點甚至適用於最受理性支配的人，也就是哲學家：

> 哲學家必須對威脅他的打擊閉上眼睛；必須像孩子似的在懸崖邊顫抖緣；天性保留了這些細微的反應，也象徵了她自己的權威，不被我們的理性和斯多葛的美德所強迫，以教導人類他們的凡人性和我們的弱點。[10]

大衛・休謨（David Hume）強調，就連發生可能性微乎其微，我們因而幾乎無法想像會發生的禍害，都有可能激起恐懼。[11]他繼續說，不只是這樣，我們更有可能為了懼怕我們明知不可能發生的禍害而手足無措，例如明明在岩架上安全無虞，卻仍懼怕從極高處墜落。

意志行為無法輕易消除恐懼，但運用默想，或久而久之逐漸習慣懼怕的對象，仍能在化學上調節恐懼。治療恐懼的一種確切辦法，是讓杏仁核停止運作，因為杏仁核受損的人沒有懼怕的能力，就連生命受到威脅也一樣。[12]他們也無法從他人的面容讀出恐懼。[13]任何一個杏仁核正常運作的人，恐懼一來都難以自抑。不可能簡簡單單就決定不要害怕，因為理性在這種情況下被杏仁核「輾壓」了，但如上文所述，仍有可能練習讓反應模式在一段時間後產生變化。

美國神經生理學者約瑟夫・勒杜克斯（Joseph LeDoux）確信，他已說明了恐懼是由腦內兩條不同的神經路徑所操控。[14]其中一條提供極其迅速的反應，但也有過度敏感的傾向，經常施放出「假警報」。另一條反應較慢，但它考慮的資訊量更大，而這條路徑可以在看似毫無事實基礎時停止最初的恐懼反應。但必須強調，這第二反應也是一種身體現象——我們所應對的並不是一個自覺停止恐懼反應的主體。在某個場合被某事或某物嚇壞了的某人，往後也會更容易被同樣的事物嚇到。看來當人體反覆接觸到激發恐懼的經驗，影響所及的器官其實會增加，因此當事人其實是在訓練有機體感受恐懼的能力。[15]這最終有可能導致有機體長期處於恐懼或焦慮狀態。

勒杜克斯這類方法的問題在於，它們並不考慮我們情感生活的文化層面。他基本上並不關心存在於純粹生理層次之外的情感，因為腦部與身體反應的狀態被認為是基本，自覺的情感則被認為相形之下只是表面現象。[16]但這就忽視了將人類情感生活與我們在其他動物所見的情感生活區別開來的一切。我們會支持哲學家麥可・邁爾（Michael Meyer）的主張，他說激情是「人與動物相會、人性遭遇自然的獨特卻謎樣之處」。[17]像勒杜克斯等人那樣，僅僅聚焦於人類情感生活的「動物」層面，無法解答這個謎題。人類恐懼與我們在其他動物所見的恐懼有何關係，是一個受到激辯的主題。比方說，看似矛盾的是，老鼠的恐懼是一種非認知存在（因為老鼠不具備理性考量技能，其恐懼也就與理性考量完全無關），人類的卻是認知存在——但我們仍覺得能夠談論老鼠與人類的相同感覺。[18]我並沒有在此對這個矛盾提出某些解答的野心。

就生物來說，我們感受恐懼的機制在很大程度上與其他動物相同，但我們的認知、語言與符號技能，給了我們一套完全不同的情感語域。野兔並不懼怕身處其他大陸上的掠食者，也幾乎不擔心自己的食物中殘留殺蟲劑。野兔的恐懼是此時此地與其毗鄰之事物的結果。人類恐懼與其他動物所體驗的恐懼，首先也最重要的區別並非生理學，反倒是能夠激發恐懼的因素。亞里斯多德寫道：「顯然，使我們恐懼的是可怕的，即一般所說的壞的事物。所以，人們有時把恐懼定義為對可怕事物的預感。誠然，我們對所有壞的事物都感到恐懼，如恥辱、貧困、疾病、沒有朋友、死亡。」[19]亞里斯多德在此提及的一切，幾乎不會有人類除外的其他生物感到懼怕。那麼，人類恐懼看來會在本質上與我們在其他動物所見的恐懼不同。馬丁・海德格（Martin Heidegger）把這個論點推到邏輯上的極致，他主張唯有能夠理解自身存在的生物才能恐懼，由此使得恐懼成為僅存在於人類生命中的事物。[20]這無疑是誇大其辭，因為我們在人類之中所稱呼的恐懼，與動物的類似狀態也有著強烈的延續性。

亞里斯多德對於人的定義是 zoon logon echon，通常譯作「理性的動物」，但也能譯成「會說話的生物」。人類擁有其他動物不具備的語言及符號資源。產生符號的能力使我們對於世界取得一定程度的獨立性，因爲我們可以用對象的符號取代對象本身。哲學家恩斯特・卡西勒（Ernst Cassirer）寫道：

> 人不可能逃避他自己的成就，他只能接受自己的生活現況。人不再生活在一個單純的物理宇宙之中，而是生活在一個符號宇宙之中。語言、神話、藝術和宗教則是這個符號宇宙的各部分，它們是織成符號之網的不同絲線，是人類經驗的交織之網。人類在思想和經驗之中取得的一切進步，都使這符號之網更為精巧和牢固。人不再能直接地面對現實，他不可能彷彿是面對面地直觀現實了。人類符號活動能力進展多少，物理現實似乎也就相應地退卻多少。在某種意義來說，人是在不斷地與自己對話，而不是在處理事物本身。他是如此地使自己被包圍在語言的形式、藝術的想像、神話的符號和宗教的儀式之中，以致除非憑藉這些人為媒介物的中介，他

就不可能看見或認識任何東西。人在理論領域中的這種狀況，同樣也表現在實踐領域中。即使在實踐領域，人也並不生活在一個鐵的事實的世界之中，並不是根據他的直接需要和意願而生活，而是生活在想像的激情之中，生活在希望與恐懼、幻覺與醒悟、空想與夢境之中。正如埃皮克蒂塔（Epictetus）所說的：「使人困擾和驚慌的，不是物，而是人對物的看法和幻想。」[21]

我們人類可能會懼怕大多數事物。我們的恐懼之潛在規模，比起其他任何動物所能感受的更大得多，原因正在於我們是符號動物（animal symbolicum）。我們一聽說有危險，不管相距多遠，往往都會將它認知爲對我們構成威脅。尤其我們還建構出不計其數的想像威脅——在此也就得出了人類對彼此犯下暴行的一個重要原因。歐內斯特・貝克爾（Ernest Becker）寫道：

> 人類真是可悲的生物，因為他們意識到死亡。他們從傷害自身、導致病痛，甚至剝奪樂趣的一切之中都能看到禍害。意識也意味著他們就算在缺乏任何立即危險

的情況下，也得全神貫注於禍害。他們的人生成了對禍害的沉思，以及控制與預防禍害的有計劃冒險。結果造成了一齣人類生存的最大悲劇，我們或許能稱作「將禍害物神化」（fetishize evil）的需求，需要把生命威脅定位在某些特定位置，藉以安撫並控制。悲劇之處正在於它有時十分任意：人類想像禍害，在錯誤的地方看到禍害，並且無謂折騰，毀己傷人。[22]

恐懼無疑會激發攻擊行爲。這正是修昔底德（Thucydides）解釋伯羅奔尼撒戰爭爆發原因的其中一個重點：斯巴達人懼怕雅典人變得太強大，繼而對他們構成更大威脅。[23]

情感與特定行爲模式密切相關，這些行爲模式發展出來，似乎是由於它們從演化觀點看來有利。[24]恐懼通常伴隨著逃避或攻擊，但未必總是如此。許多情感是這樣一種性質，無論如何都不表達出來才是必要的。莫里西（Morrissey）有一首歌的歌名是〈我們討厭朋友功成名就〉（*We Hate it When Our Friends Become Successful*），有時或許眞是如此。但嫉妒（尤其嫉妒朋友）卻是人類情感生活中最不令人同情的一項特徵，嫉妒的人會盡可能明智地將它隱藏起來。弗朗索瓦・德・拉羅什福柯（François de La Rochefoucauld）指出：「即使是最拙劣的熱情，世人亦不吝炫耀。但『嫉妒』卻是一種怯懦與羞恥的激情，無人膽敢坦承自己心懷此意。」[25]我們每一個人大概都體驗過無可救藥地愛著另一人，卻連表情或姿態都不能透露出來，因為風險實在太大；或是身處危境，感受到恐懼猶如肚子挨了一拳，同時卻又明白自己就是不能表現出懼怕，因爲處境如此一來只會惡化。只因爲人們並未經由特定行動表達某種情感，就斷言人們不具備此一情感，是毫無道理的。情感激發行動，但並不決定行動。

恐懼往往激發逃避，但也有可能太難招架，使人完全失去行動能力。盧克萊修（Lucretius）在《物性論》（*On the Nature of Things*）中描述過這種情形：

> 但當心靈為更厲害的打擊所觸動的時候，
> 我們就看見整個靈魂
> 立刻同時都在人的肢體中受苦：

此時人就全身流汗，面如土色，
舌頭結住了，半句話也說不出來，
兩耳嗡嗡地叫，眼前一片模糊，
雙足支持不住了；我們常常看見
人們會由於心靈的恐懼而暈倒。[26]

正常來說，懼怕的人會試圖逃離或避開那些他確信危及生命、健康或利益的事物。恐懼的典型行爲模式因此是逃避，試圖盡可能與懼怕的對象拉開最大距離，脫離危險範圍之外。逃避無需以空間概念理解，也就是說，未必是逃跑的問題；同樣也可以包括在自身與對象之間築起屏障，例如伸出雙臂保護自己或躲到門後。關鍵在於人們以這樣那樣的方式，試圖讓自己立於不受侵害的位置。

我們通常覺得，隨著身體反應而來的是體驗所得的情感。反轉這套設想的理論，一般稱爲詹姆士－蘭格理論（James-Lange theory），得名於哲學家威廉・詹姆士（William James）與生理暨心理學者卡爾・格奧爾格・蘭格（Carl Georg Lange）。詹姆士與蘭格的理論有某些差異，彼此獨立發展，但基本概念相同：不是情感導致身體變化，而是恰好相反。人不是因爲傷心而哭，而是哭了才傷心。[27]同理，人不是因爲害怕而逃離危險——是因爲逃離危險才害怕。

一九二七年，生理學者華特・坎農（W. B. Cannon）批判詹姆士－蘭格理論，他指出同一種生理變化關聯著大不相同的情感乃至非情感狀態而發生。[28]他也說明，人類可能有一套行爲模式，對應著人們產生某種已知情感時的正常狀態，同時人們也回報，他們產生了這樣的情感，卻沒有出現通常與這種情感相聯繫的生理狀態。日後的實驗也未能確立情感狀態與生理狀態之間的必要關聯。

被騷擾的身體感覺本身並不足以讓我知曉其程度。比方說，我處在恐懼、憤怒或悲傷的狀態。要讓它能被指認爲一種特定的心理情感，還需要更多。一九六〇年代初期，心理學者史丹利・沙赫特（Stanley Schachter）和傑羅姆・辛格（Jerome Singer）提出一套假說，其中涵蓋了詹姆士－蘭格理論和坎農理論的各一部分。[29]他們所謂的認知標籤（cognitive labelling）理論認爲：身體變化與對於身體變化的認知詮釋兩者，皆是人們體驗某種已知情感所必需。依照這套理論，個人注意到心跳加快、呼吸急促等等，就會體驗到憤怒，而後對這一處境的解讀，就會以憤怒為適切回應。同理亦適用於恐懼。某種情感在什麼樣的程度上被指為恐懼或憤怒，因此看來取決於處境，或者確切地說，取決於個人如何詮釋他所置身的情境。處境相同、身體（生物化學）狀態相同的兩個人，可能各自把產生的情感指稱為恐懼和憤怒，這取決於他們對處境的解讀。而這兩人當然有可能都是對的。情感並非獨立於催生它的情境與個人對情境的詮釋而存在之物。

認知標籤理論的問題在於，它彷彿推定一系列特定事件始終存在，「身體」變化或感覺先來，接著這種變化或感覺由於一套特定詮釋而成了「心理」情感。但難道不可能認為，往往先有了詮釋，情感才隨著詮釋而來，人們以一種特定方式詮釋某一已知情境，而後情感才會產生——例如這樣的情境正常來說應該使我感到憤怒、嫉妒或恐懼？

人的概念與詮釋，看來對於指認他的情感會是至關重要的。同時，概念與詮釋似乎又不能完全決定，因為人對於某個對象的概念會變，但關於該對象的情感卻又保持不變。我小時候確信蜘蛛是危險的，很怕牠們，尤其在我弟弟被蜘蛛狠狠咬過一次之後。後來我學到，多數蜘蛛都稱得上無害（至少在我們身處的世界），但我對蜘蛛的恐懼卻仍然存在。這種恐懼經過多年已逐漸減輕，但我無法相信自己有可能完全擺脫蜘蛛恐懼症。一個人可能害怕搭飛機，即使他能信服搭飛機是一種極其安全的旅行方式。這看來牴觸了「人的概念對於情感至關重要」這套理論，因爲對於對象的概念與關於對象的情感彼此背反。我母親看到老鼠的反應，始終是尖叫著跳上餐桌，一如不計其數的漫畫內容。但她不相信老鼠有能力傷害她。基本上她不曾相信過這點。即使如此，只因爲她不相信老鼠會傷害她，就宣稱她不處在恐懼狀態，仍是毫無道理的。這就是認知理論的問題所在。

一種這個問題的可能解法，或許是人們並未用新概念徹底取代原有概念，而是有著互相牴觸的概念，也就是說，並不是概念與情感對立，而是兩套概念彼此對立，其中一套概念對情感產生決定性的影響。[30]事實上，我們往往有著自相矛盾的概念，比方說我們相信A與非A，當我們理性上確信自己已經擺脫了某套概念（例如搭飛機很危險），它卻仍在持續適用。

此外，我們也有可能弄錯自己的情感。[31]我們的情感如此強烈地受概念影響，使得我們全都有過這種經驗：確信自己在某個已知情境中產生情感X，卻逐漸察覺問題更多出在情感Y。自我對自身並不盡然公開透明，我們可能會在情感問題上自我欺騙，比方說，因爲我們不願承認特定舉動下隱含的情感是不恰當的。即使我們偶爾錯認自己的情感，這並不意味著我們總是弄錯。因爲要在這樣的脈絡下討論失誤，根本前提就是我們一般來說都能正確指認自己的情感——若非如此，討論「失誤」也就沒有意義了。

情感似乎帶來了關於世界的知識。更確切地說，少了情感，我們對世界就會有很多無從覺察之處。情感包含著概念。這些概念應對的不只是有形關係（比方說，當我在北極附近徘徊，一隻北極熊開始朝我走來），還有評估：這隻北極熊會對我構成危害。我的脈搏加速、呼吸急促，我開始微微地顫抖。光憑這些身體變化，完全不足以表明我此刻感受到的正是恐懼，因爲其他情感狀態也有可能伴隨著完全相同的身體現象，例如性快感。讓我在這個情境中的情感成爲恐懼的，乃是我對自己置身於危境中的感知。但我要是缺乏感受恐懼的能力，我也不能把這樣的情境體會成危險。

恐懼始終具有一個意向對象（intentional objects）。它始終針對著特定事物。少了這樣一個對象，我們就不會應對到恐懼，唯有心悸、呼吸急促和顫抖而已。恐懼是更多於這些身體狀態的事物，「多」出來的正是意向對象。意向對象始終都已經受到詮釋。恐懼和憤怒、悲傷或喜悅的區別，不在於對象本身，而在於對象受到的詮釋。同一個對象可能以這樣一種方式詮釋，使它產生出所有得到命名的情感。要是我把對象解讀成具有威脅性，我就感到恐懼，但我把它解讀成惹人厭，就會產生憤怒，諸如此類。恐懼要顯現出來的話，威脅必須被感知成嚴重的。我也必須相信此一危險無法輕易避免。

當然，人有可能處在一種近似於恐懼的狀態，卻又無法說明他在懼怕什麼。那麼就有可能應該把這種狀態確切描述爲焦慮。恐懼和焦慮是兩種密切相關的狀態，兩者都包含了危險或可能受傷的概念。但這個威脅可能十分具體，也有可能不那麼明確。恐懼和焦慮的一種常見區別，正是恐懼有其具體對象，焦慮則無。這個區別通常與齊克果（Søren Kierkegaard）和海德格相關，但其先聲則見於康德（Immanuel Kant）：「以一種尚不確定的災難相威脅的對象，它所引起的恐懼就是憂懼。」[32]此處的關鍵在於恐懼的不確定性質。要是詢問處於恐懼狀態的某人他或她在懼怕什麼，此人大致說來可以十分明確地回答你。要是問他在這種處境下想要什麼，大致說來他也能夠答覆——想要懼怕的對象消失，想要自己得到保護不受侵害，或是類似的事。反之，苦於焦慮的人對這兩個問題卻都不能明確回答。

但必須承認，焦慮與恐懼的分界線，實際上卻不如這些概念區分的可能寓意那樣明確。首先，恐懼在對象和可能解決之道兩方面，也可以包含不確定性：人們懼怕某個特定對象，卻無法確知自己懼怕著對象的哪一點，或是要採取何種心態看待這個對象。許多焦慮之苦也以具有對象爲特性，人們知道自己爲何而焦慮，卻不能確知這個對象會如何顯現於自己的人生中。人們究竟應該如何（或者根本上如何可能）在恐懼和焦慮之間劃出絕對區別，在此不會深入討論，而我選擇固守兩者的傳統區別，也就是恐懼有其具體對象、焦慮則無對象。

當我們說恐懼始終有其意向對象，這並不意味著恐懼始終有其眞實對象。我們大多數人想必都在兒時懼怕過這樣那樣的妖怪——不管是相信牠躲在櫥櫃裡、還是躲在床下。我小時候相信父母主臥室外面的淋浴間裡有鬼，它無疑是很可怕的，因爲在世界顯得陰險的深夜，我還得穿過浴室才能去找父母親。即使實際上櫥櫃裡、床下或浴室中都沒有妖怪，也並不表示這種恐懼就沒有對象——對象正是我想像中存在於這些場所的妖怪。當我在電影院裡，被影片中的某個角色驚嚇，原因也不在於我相信這個角色眞實存在。[33]我可以區別想像與眞實，也完全明白嚇人的角色純屬虛構。而我的恐懼有個意向對象——正是那個虛構角色。

那麼對「未知」的恐懼又如何呢？作家伊利亞斯・卡內提（Elias Canetti）寫道：「人最畏懼的是接觸不熟悉的事物，人想看清楚，觸及他的是什麼東西，他想辨認清楚，或者至少弄明白是哪一類東西。」[34]同理，霍華德・洛夫克拉夫特（H.P. Lovecraft）談論恐懼與超自然事物的經典文章，也用這幾句話開場：「人類最古老也最強烈的情感是恐懼，恐懼最古老也最強烈的形式，則是對未知的恐懼。」[35]這樣一種對「未知」的恐懼，並非漫無對象的恐懼。恐懼對象在此反倒是不確定的，但仍十足是對特定事物的恐懼。這是在懼怕令人不悅或駭人的事有可能發生。

某些情感通常被假定能向我們吐露某些實情。恐懼就是其中一種。此外，恐懼也被認爲是一種感知工具。但所有這類工具都有可能適當或不當運行。我們已經看到，個人對情境的解讀，對他關於這一處境的情感至關重要。但某些解讀卻是不適當的，會導致我們對處境的情感判斷也變得不適當。正如亞里斯多德所指出，當我們對不應該害怕的事物，以不適當的方式在不適當的時間感到恐懼，我們就會犯錯。[36]例如，要是我因爲（錯誤地）相信搭飛機比開車更危險，而害怕搭飛機卻不怕開車，這種情感就是錯的。我也有可能對於實際上與某種危險相關的某一對象感受到過多恐懼，但這種恐懼與危險本身卻毫無合理關係。對於多數人來說，此舉有著直觀的吸引力。多數人似乎相信，像恐懼這樣的一種情感可以理性評估，恐懼感可能有對錯之分。如果對象是危險的，恐懼感就會產生適當的感知，而恐懼與危險兩者的嚴重程度合理相關。但要明確指出「合理相關」的意義何在，卻一點都不簡單。風險分析者與外行人對於不同危險的判斷，往往有著很大差異——下一章還會討論這個問題。

常言道，恐懼會削弱理性。按照蒙田的說法，比起恐懼「沒有一種情感會使我們的判斷更快失常」。[37]艾德蒙・柏克（Edmund Burke）進一步發展這個論點，斷言最能有效從心中篡奪所有理性的莫過於恐懼。[38]海德格斷言，人在害怕時「不知所措」，並舉例說明：人們在著火的屋裡，往往會搶救伸手所及最接近的任何東西，而搶救出來的往往無足輕重。[39]不同情感與特定行爲模式密切相關，當一種情感以最大限度表露出來，這些已知的行爲模式就有可能推翻所有理性考量；更確切地說，理性並沒有進入設想之中，因此當事人也就沒去估算行動的更長期後果。頗爲直接地自情感湧現的行動，可能不同於我們經過更爲縝密思考的決策過程所採取的行動。

對於情感（尤其恐懼）在我們行動中發揮的作用，有許多諸如此類的批判性描述，把恐懼說成是對理性的威脅；其中似乎暗示著不被情感影響所遮蔽的「純粹」理性更有益於我們。但仍有理由斷言，缺乏情感也會導致非理性。正如前文所述，杏仁核遭受重大損傷的人們沒有感受恐懼的能力，即使在生命受到威脅的情境中也一樣。[40]這樣的人會採取非理性行動，因爲眞正危險的情況在他們看來並不總是危險，因此就不會以理性方式應對或避免。換言之，情感缺乏剝奪了我們理性選擇行動所必需的感知。

恐懼始終包含一種關於痛苦、傷害或死亡的前瞻（protention），亦即對未來的預測。亞里斯多德主張，恐懼是存有面臨毀滅或痛苦的不幸所激起的某種不適感或不安感。[41]霍布斯也將恐懼定義為對來日禍害的假定。[42]亞當・斯密（Adam Smith）寫道，恐懼代表的不是我們在當下的眞實感受，而是代表著我們在將來某個時刻可能的遭遇。[43]它不只是與構成威脅、應該避免的人物或事件有關而已。恐懼的核心是一種對未來負面情境的假定。儘管並不是每個未來負面情境都會產生恐懼，但一定得有些事物處在危急存亡關頭。

一切恐懼都是在懼怕某事物是那樣、一直是那樣或將要變成那樣。人們不一定需要相信自己所懼怕的情況會眞正發生。即使確信某件事不會發生，仍有可能對它感到懼怕。比方說，聽見雷聲時可能會怕自己被閃電擊中，即使同時也知道這種事發生的機率極小。恐懼一般說來似乎都會與不確定性相關。大衛・休謨強調：「顯而易見，由於它的確定性而會產生悲傷或喜悅的那個事件，當它只是很可能和不確定的時候，就總是會產生恐懼或希望。」[44]亞里斯多德主張，恐懼始終與希望相關；唯有在多少有可能找出解決之道時，人才會感到懼怕。[45]多瑪斯・阿奎那（Thomas Aquinas）所見相同，他因此指出，那些在地獄裡受罰永世沉淪的人不會知道懼怕，因爲他們毫無希望，而懼怕的人反倒總有著得到美好結局的一點小小希望。[46]恐懼必然包含希望沒錯嗎？感覺上似乎不能讓人完全信服。且讓我們假設，我被困在起火的房屋裡，遠離消防隊及其他各種救援方式，看來也毫無可能脫逃。難道我甚至不會懼怕火焰不斷逼近，直到將我團團包圍，即使我其實無望逃離？亞里斯多德派可能斷言，即使在這樣的處境裡，我都還有一絲希望得以逃離火焰，可能有神力干預，火焰燒不到我，或者某件事會突然發生救我脫困。但卻很難理解亞里斯多德派這樣的斷言能有哪種證據支持——它看來更多是在替恐懼必然包含希望這個假說解套，卻不具備獨立的佐證。看來恐懼與希望之間不像是有眞正必要的關聯。另一方面，主張恐懼通常與希望相關就不會有問題。其中一個原因在於徹底絕望的情境其實十分罕見——某一情境得到不同的結果，而不發生所懼怕的後果，不論可能性或許有多小，幾乎總會有可能。

多瑪斯・阿奎那評述：「一切恐懼都來自我們心有所愛。」[47]激起恐懼的乃是人的壽命所受到的這樣或那樣威脅。那可能是對個人性命、健康、友誼、愛情、社會地位等等的威脅。某種恐懼可以超過另一種。懼怕丟臉可能強過懼怕身體受傷，就像我們小時候彼此挑戰，盡可能不要命地往下跳一樣——這麼做導致我們遍體鱗傷。或是軍人比起害怕作戰負傷，更怕在同袍面前丟臉。從這個觀點看來，「勇敢」之舉其實有可能源自恐懼。[48]不管怎樣，一切恐懼的核心都是某種願望——唯有想望非X，才會懼怕X。從這願望中體驗到的，是自己置身於一個無法完全掌控的處境之中。

情感正是我們生命中某種情感層面的範例。稱呼情感的另一個詞是「激情」（passions）、這個詞出自希臘文pathos（渴求），經由原義為「受苦」的拉丁文passio而來。「受苦」指的主要不是痛苦，而是被動，是人遭遇了某事物，某件事發生在人身上。亞里斯多德將「實踐」（praxis）與「渴求」區分開來，前者影響他人，後者受到影響。[49]情感不被認為是自發的，反倒某種意義上是人所接受的。[50]人不能突如其來地選擇情感。悲傷或害怕的話，人就是不能逕自選擇另一種讓他更自在的情感。我們可以用更間接的方式影響情感，例如把自己置入某一情境，讓特定情感自然而然產生。我們也有擺脫或壓抑某種情感的若干能力。我們當然也能改善自己的情感生活、形塑情感傾向。但顯而易見，我們的情緒未必會遵從我們的意志。

體驗某種已知情感，就是體驗自己陷身於其中的某一特定情境。人類一切感知都受到產生感知的情境所制約，而這種情境根本上具有情感層面。我們可以說，情感是事物在某一情境中得以傳達意義的條件。對象要能顯得駭人、有趣或令人厭煩，遭逢對象的情境必定要具備相應的情感潛能。我們可以套用海德格的說法，恐懼演示了人類生命的基本現身情態（befindlichkeit）。[51]海德格試圖用這個詞描述自己現身（find oneself）於世間的情態。自己現身於世間即是暴露於世上，體驗世界這個包含了有意義與漠不關心之物的場所。此一「在世界之中」（being in the world）基本上有著情感性質；正是各種情感使得特定對象能被感知爲具有意義，嚴格說來，那就讓人們有可能參與這個世界。在海德格看來，我們主要把周遭的物體當成「可用的東西」，即使有時我們會得知這些東西是「無用、阻礙、具威脅性」的。[52]唯有我們的「在世界之中」是由這種方式構成，事物才有可能如此影響我們。正是這一「在世界之中」，使得任何事物都有可能被體驗得具威脅性。

對海德格來說，情感並非純粹主觀，反倒是「我們在我們本身之外存在的基本方式」[53]，同時它們也讓我們與自己產生連結。他寫道：

一種情感乃是我們得以適應我們與存在者的關係，並從而得以適應我們與自身關係的方式。它是我們得以既與非我們所是的存在者相合，也與我們本身所是的存在者相合的方式。在情感中開啟和保持著一種狀態，我們一向就在這種狀態中同時與事物、與我們自己以及我們的同類相對待。情感本身就是這種對它自身開放的狀態……當務之急是要看到，情感具有開啟和保持開放的本性，且因此按其本性看來也具有鎖閉的特徵。[54]

情感讓人得以接近自己和外在世界，但正由於情感能以這種方式敞開這些主體，它們同樣也能隱藏，從而讓人對自己和世界產生不適當的看法。海德格看來也同意，恐懼是一種會隱藏的情感：

我們總是怕這個或那個確定的存在者，這個或那個確定的存在者在這個或那個

> 確定的方面威脅著我們。對某事物的恐懼總是也為某種確定的東西而恐懼。因為恐懼有其「恐懼什麼」以及「為何而恐懼」這種限制，所以恐懼者和懦怯者被它所處身於其中的那個東西抓住了。他在努力躲避這種確定的東西時，對其他東西也惶惶不安，亦即說，整個變得「不知所措」了。[55]

在海德格對恐懼的分析中，被懼怕的對象是尚未成眞的事物，那樣的事物作爲一種步步逼近的險惡可能性而存在。被懼怕的對象「有害性毫光四射」。[56]關鍵在於，這樣的傷害尚未成眞，也有可能不會成眞。恐懼因此與不確定性密切相關。這種不確定性可被描述爲人類存在的一種基本特徵。在恐懼中，我存在的其中一個根本特徵得以顯露，那就是我處於暴露的狀態。[57]恐懼揭露了關於我的某些事，它同時也將我從自我中隱藏起來。我在前文曾強調，恐懼始終包含著對未來的預測。至於海德格，他也強調恐懼的當前性（nowness）——人被封鎖在某種情境中，從而喪失了某些自由。他寫道：「恐懼的時間性是一種期待著當前化的遺忘。」[58]被遺忘的是自我，更確切地說，是自己的選擇。重點在於，未來作爲可能性的場域受到限制，因爲人將注意力完全指向當下的威脅。人全神貫注於構成威脅的事物，因而不知所措。像恐懼這樣的情感是存在於世界的一種方式。另一方面，人所懼怕的世界也絕不可能是讓人感到完全自在的世界。

按照海德格的說法，人們在恐懼中忽視了自己的可能性。至於尚－保羅．沙特則強調「我藉著投身於自己的可能性而逃脫恐懼」。[59]沙特對一般而言的情感，特別是對於恐懼，理解都與海德格大不相同。在沙特看來，每一種情感都在某種意義上受到選擇，因此情感絕不可能完全消除可能性這範疇。沙特認爲情感是有意的策略。據他所言，情感是藉由對世界的「魔幻轉化」（magical transformation）改變世界的一種嘗試。對恐懼的分析正是箇中顯例，因爲他主張恐懼是一種有意的策略，主體試圖藉此以某種「魔幻」方式除去某個對象。但這套魔術不常奏效，應該是很明顯的事實，因爲對象幾乎不會只因爲被人懼怕就消失不見。當這套魔幻策略不起作用，主體就只能逃跑。如此說來，恐懼既不像通常斷言的那樣是逃避的起因，逃避也不像詹姆士－蘭格理論所提出的那樣是恐懼的起因——逃避替代的反倒是某種恐懼，且不致影響主體所欲的魔幻轉化。[60]

按照沙特的說法，情感是不經反思的，他的意思是說情感無需成爲覺知的客體（objects of awareness）就會產生。[61]在恐懼中，覺知是指向懼怕的對象，而非恐懼本身。恐懼並不是自知的。基於這個理由，即使情緒是主體的有意產物，仍有一部分不受自覺控制。我們不能只憑著想要，就把自己帶入某種特定情感之中。恰好相反，情感「俘虜」了覺知，使其「被動」。[62]因此我們看來進入了海德格在前文描述過的相同情境，恐懼封閉了人們自身的可能性。但沙特似乎相信，恐懼意識正是作爲主體自身有意的產物，而開啟了人得以對它取回一定程度掌控的可能性。由於恐懼感是被選擇的，它也可以被取消選擇而轉向其他可能性。因爲沙特相信，我們自己決定了要對存在中的周遭萬物賦予什麼樣的意義，以及要如何容許周遭萬物影響我們。關於恐懼，這就意味著我自己選擇形成一種懼怕各種事物和事件的自我。但我本來可以選擇形成一種不同自我，以不同方式與周遭產生關聯。

把情感描述成習慣可能是有益的。這麼做的意圖並非徹底改變情感本質，只是要強調我們的情感機制是可塑的。情感並不只是「給予」之物，而是可被陶冶和改變的。習慣一般而言可以說成是人們通常習而不察的習得反應，但人們也可以學著覺察。習慣的基礎在於重複某種能力。黑格爾（Georg W. F. Hegel）把習慣說成某種第二天性（second nature）。[63]這表現出關於習慣的某些本質之處，因爲習慣在我們與世界的應對之中太過基本且不證自明，使得它們看來不太可能不是如此。習慣有身體的和心理的，以某種特定方式建立關係、以某種特定方式試著理解字詞，並且對特定對象和情境產生情感反應，這些都可以說成是習慣。

人人都有自己習而不察的許多習慣，理由很簡單，意識通常不會指向它們。習慣形成的更多是意識所指向的一幅「背景」。我們通常在某種特定類型情境中所尋求者，乃是由習慣所決定。習慣爲我們選擇了覺知所指向的對象，或者是經由我們慣於思索那一特定事物，或者是該事物出於這樣那樣的理由打破了習慣。由此觀之，習慣是感知可能性的條件，但它們同時也收縮了理解空間，因爲它們會消除一定數量的不相干現象。一個習慣表露出某種理解，因爲它構成了一種與世界產生關聯的方式。[64]養成一種習慣就是習得一種看待世界的視角。習慣以複雜的方式互動。少了習慣，這世界就不會顯得有意義，因爲習慣將世界連繫成了整體，個別事物相對於整體才能凸顯出意義。這也就意味著我們所擁有的習慣，影響了我們如何看待與它們似乎不那麼密切相關的一連串現象。

我的假設是，恐懼正在成爲這樣一種習慣的過程之中。我所思考的倒不是一種無法抵擋的強烈恐懼，反倒可以稱爲低強度恐懼（low-intensity fear），即使這一習慣性質相當程度上也適用於恐懼症（phobias）。心理學者艾薩克・馬克斯（Isaac Marks）在恐懼與焦慮障礙領域是全世界首屈一指的一位理論家，他確信多數恐懼症在很大程度上都是習得的。[65]舉例來說，母親或父親的恐懼行爲可能會傳給子女。

在日常生活遭遇的一切事物之中，我們看來都習慣聚焦於潛在危險。我們應該將作爲一般性情的恐懼，與作爲眞實情感的恐懼區分開來。眞正懼高的人不是屋頂邊緣站在你身旁發抖的那個人，反而是會盡其所能避開任何高處的那個人。我們可以說，後者性情上的懼高，強烈到了他或她有計劃地盡可能避開任何讓恐懼得以顯現爲眞實情感的情境。我們感受到恐懼的不同情境，感覺起來也不同。恐懼感未必都一樣——不僅強度有所差別，性質亦然。懼怕捲入鬥毆與懼怕從樓梯上跌落的性質不同。害怕被世界其他地方肆虐的某種疾病所感染的遙遠恐懼，本質上也不同於此時此地害怕被直接身體傷害擊倒的恐懼。

在恐懼研究中，情感激烈的變體是最常被強調的一種類型。正如前文所述，在我們的文化中居於主導地位的那種恐懼，更大程度上可被稱爲一種低強度恐懼，這種恐懼圍繞著我們，構成了我們對世界的體驗與詮釋的背景。[66]這種恐懼的本質更多是心境（mood）而非情感。社會學者齊格蒙・包曼（Zygmunt Bauman）書寫他所謂「轉向的恐懼」（diverted fear），這種恐懼既不是來自直接遭遇具威脅性的對象，也不是由於先前曾經接觸過這種對象。它反倒是一種顯現爲不確定感的恐懼，顯現爲可能的危險恐怕就要無預警來襲、世界是個不安全場所這樣一種感受。[67]這種恐懼是看待世界的一種方式，這種方式中人們自身的脆弱性受到最優先考慮。

3

恐懼與風險

就像是風險與報酬相比，寶貝。

——夏琳・施赫利斯（Charlene Shiherlis），電影《烈火悍將》（*Heat*, 1995）

社會學者安東尼・紀登斯（Anthony Giddens）把後現代主義描述爲一種「風險文化」（risk culture）。[1]他的意思倒不是說今天的人類暴露於比以前更多的危險之下，而是他們對這些危險的覺知不同且更爲強烈。在烏爾利希・貝克（Ulrich Beck）所謂的「風險社會」中，公民的風險意識不只是以個人體驗和二手資訊爲基礎，也以「二手非體驗」（second-hand non-experience）爲基礎；風險意識不僅基於某人身上眞正發生過的某件事，也基於一切都有可能發生的概念。[2]在這個風險社會裡，公民懷著上一章結尾所描述的那種恐懼度日——作爲一種看待世界方式的恐懼。

風險社會就是恐懼文化。

生活在風險社會的意義是什麼，最精彩的入門也許不在於紀登斯或貝克的社會學研究，反倒在唐・德里羅（Don Delillo）的諷刺小說《白噪音》（*White Noise*, 1985）之中。這部小說描寫的是在美國中西部某個無關緊要的小學院裡任教的希特勒研究學者傑克・葛雷德尼（Jack Gladney）一家人的人生。對死亡的極端恐懼是書中反覆出現的主題，葛雷德尼一家感到沒完沒了的危險包圍著自己，尤其爲這種恐懼火上加油。兒女們就讀的學校因有毒氣體而被迫疏散：

> 星期二那天，他們把整個小學的學生都疏散了。孩童們感到頭疼，眼睛刺痛，嘴裡感覺有種金屬的味道。還有位老師在地板打滾，說起外國話，卻沒有人知道究竟哪裡出錯了。調查員說問題可能是通風系統，是油漆或亮光漆，是泡沫絕緣物質，是電子絕緣材料，是自助餐廳裡的食物，是微電腦放出的射線，是防火石綿，是貨箱上的膠帶，是游泳池的氯氣，甚至是某種更深層、更微小、更緊密嵌進事物基本狀態中的東西。[3]

一切都不確定：眞正危險的是什麼、危險從何而來，又有多麼危險。但顯然發生了危險的事，傳聞有個身穿防護衣和防毒面具的人，在檢查學校時倒地死去。小說中提及名稱的多數危險是由於化學物質所致，例如母親口香糖裡的添加物。現代科技與風險的關聯幾乎毫無模糊空間，書中尤其一再提及車禍和飛機失事。傑克也看到十四歲的兒子掉髮，他不禁疑惑原因可能會是什麼：

亨利奇（Heinrich）的髮線開始慢慢後退，讓我不免多想，是不是他母親在懷孕的時候吃到什麼影響基因的東西？還是問題出在我？我扶養他長大時，是否在不知情的狀況下與某個化學垃圾場為鄰？是否這裡的空氣帶有足以讓人禿髮並讓夕陽如此燦爛的工業廢棄物質？……人類在歷史、在自己的血統上所犯下的過錯，已被那每天一點一點放送死亡的虛情假意的科技給複雜化了。[4]

科技被描繪得風險極高，因爲人們不可能完整綜觀科技所造成的後果。亨利奇自己則主要埋首於日常生活中圍繞在我們身邊的輻射：

真正的問題是每天圍繞在我們身邊的輻射。家裡的收音機、電視機、微波爐，我們屋外的電纜、高速公路上的雷達測速器。……別管什麼外洩、落塵和滲漏了，遲早會要你性命的東西，就在你自己的家裡。[5]

風險社會的一個基本特徵是無人能夠脫離危險——所有人絕對都會受到影響，不論他或她的住家遠近、社會地位高低。當一片有毒煙霧危及他們的地方社區，這正是傑克最難以接受的其中一件事：

這種事只會發生在露宿街頭的窮人身上。我們社會的結構就是如此，唯有那些窮人和沒受教育的人才會遭到自然和人為的災害襲擊。住在低窪地區的人會遇到洪水，住在破屋的人會遇到颶風和龍捲風。我可是大學教授，妳有在電視上看過哪位教授在洪水氾濫的街道上划著小船嗎？我們住的是一個整潔宜人的小鎮，旁邊還有一所有古老校名的學院，這種事情不會發生在鐵匠鎮（Blacksmith）這樣的地方。[6]

但鐵匠鎮遭受侵襲，傑克暴露在有毒煙霧之中，後果難以預料。誰都無法脫離危險。就連先前能夠自以爲相對安全的人們，風險也侵入了他們的生活。這一切風險意識，使得懼怕死亡成了傑克與妻子芭蓓（Babette）生活的重點所在。這種恐懼強烈得讓芭蓓開始服用實驗藥物「戴樂」（Dylar），藉以完全壓抑自己對死亡的恐懼。她向生產戴樂的製藥公司某位員工提供性服務以換取藥品，即使被告知用藥相關的風險，她還是服用了：「我可能會死掉，也可能身體活著但腦卻死了。也許我左半邊的腦會壞死，但右半邊還是能活得好好的。」[7]這些潛在副作用或許會嚇退多數想服用這種藥物的人，但芭蓓的恐懼已經強大到讓她什麼都願意做，只求逃離恐懼。小說以這種方式揭示了風險社會的一個重要特徵：我們試圖應對生活周遭的風險時，選擇的手段往往比這些手段所要對抗的問題來得更壞。

「風險」一詞來自義大利文 risicare（膽敢），因此風險與做出的選擇有關，風險是人決定要承受的。問題在於，我們身爲個人和集合爲社會願意遭受多少風險。答案看來會是這樣：愈少愈好。在當今的論述裡，風險不是由人選擇的事物，反倒是人被迫違背意願而遭受的。[8]今天幾乎沒人記得，「風險」這個字眼原先可能兼具消極和積極意義，因爲承受風險也包含了積極的可能性。今天的風險概念幾乎僅具消極意涵，只有少數例外——例如在股市和極限運動。很大程度上，「風險」成了「危險」的同義詞。

關於風險是怎樣一種事物，存在著不小歧見——風險是客觀的，還是一種社會構造？[9]風險有其客觀層面，例如客觀的因果關係，但風險也不只是這樣。風險也有主觀和社會的元素。風險的存在並不獨立於受其影響的對象。某一特定事件發生的機率，在許多情況下都可以客觀估計，但風險可不只是特定事件的機率。切題的風險概念也必須考量事件對於受其影響的人所產生的作用——這並非客觀關係。不僅如此，與風險之間的一切關係，顯然也都位居於社會之內。

風險論述是一道選擇過程，其中大大凸顯某種風險而忽視其他風險。[10]某些風險形式受到強調而忽視其他的理由，在於它們與更大的概念整體相符，尤其是因文化而異、具道德性質的概念整體。沒有理由相信我們的風險概念能夠脫離這類社會脈絡。有一個層面也經常適用：尚未找到可歸咎的對象之前，危險不會引起我們注目。中世紀歐洲的水質惡劣到始終都對健康構成嚴重風險，但直到有人發現可以指控猶太人對水源下毒，這種危險才成爲公共事務。[11]

每種風險都被寫成了一套道德論述。貝克強調，風險認定是對社會發展的道德判斷，即使它們把自己裝扮成事實判斷。[12]這個要素由社會人類學者瑪莉・道格拉斯（Mary Douglas）充分闡發，她將風險與罪咎（guilt）概念緊密聯繫起來——更精準說來，她解釋風險概念如何因爲某人受到危險威脅，而構成一套分配罪咎的道德與政治論述的一環。遭受某種風險與遭受某種道德不公的意義相同。困擾著子女的不是父輩的罪惡，反倒是父輩釋放於世間的風險。[13]

恐懼與風險的視角需要受害者——少了眞實或潛在的受害者，它就喪失力道了。加強聚焦於恐懼因此與受害者人數的相應增加不謀而合。多數人都屬於或一直屬於某個所謂的弱勢群體：兒童、老人、移民、女性、貧民、病人等等。不屬於其中一個或更多群體才是好主意，因爲光是屬於這樣的群體，也就差不多得到了受害者的身分，成爲特別容易受害、需要保護的人。身爲受害者也就被解除了個人置身於情境中的責任。受害者身分若要完全正當，另一個需求則是被波及的這個人必須「無辜」。因此我們之中最「無辜」的人，就是最理想的受害者人選——誰能比孩子更無辜？兒童因而被塑造成了遭受愈來愈多危險。媒體研究專家大衛・阿爾泰德（David Altheide）寫道：「恐懼論述作爲一種視角，開啟了看似無窮無盡的範圍，探討兒童可能遭受的危害。」[14]美國一項研究顯示，美國五分之四的兒童曾是「手足施暴的受害者」。[15]手足間十分尋常的口角和打架，都被歸類成了「攻擊」，把兒童變成了受害者。「戲弄」對遭受如此待遇的人來說，無疑有可能令人惱怒，但如今看來已不復存在——它反倒被歸類成了「聚眾欺凌」（mobbing），可能對兒童造成終身傷害。

我們不惜一切努力要從兒童的生命中消除所有風險。看來，我們對兒童受到這樣那樣傷害的擔憂，導致我們從他們身上奪走了某些重要的體驗。當然，應該教導兒童在車流繁忙時注意安全，也應該教導他們小心使用水電等等。但最好還是不應該讓他們學到，這個世界首要面臨的就是恐懼。從將恐懼視爲兒童應該學會克服的一種情感，到將恐懼視爲兒童生命中自然而然的一部分，經歷了一段發展過程。[16]二十世紀初年的人們普遍相信，兒童成長過程中應該不去感受和表達恐懼，因爲若不如此，他們成年以後就會不適應社會並且神經過敏。[17] 如今我們似乎反其道走到了極端，我們力圖讓兒童明白，地球上大多數事物可能有多麼危險。同時，我們顯然又過度努力保護他們免於以「陌生人」爲象徵的世間危險。向兒童反覆灌輸的恐懼形象，不再是巨人和女巫，而是戀童的施暴者和所有陌生人。一九八〇年代後半與一九九〇年代，許多媒體呈現都暗示著，所有兒童都面臨著遭受戀童癖襲擊的巨大危險。兒童性侵問題當然絕對不能掉以輕心，但大行其道的並非對危險的理性評估，反倒是疑神疑鬼。充其量只能表明性侵有可能發生的發現，被當成是確認了性侵確實發生過。許多人從來沒做過這種事，人生卻基於證據極其薄弱的性侵論斷而毀於一旦。許多案例的控訴太令人難以置信，警示燈本該立即亮起——但卻顯然沒有。兒童被陌生人殺害的機率實在太小，幾乎應該直接忽視。當兒童不幸遇害，通常都是某個直系親屬應該負責。偶爾會有兒童被陌生人殺害，發生這種事也無疑是可怕的悲劇，但這樣的事件實在太罕見，將兒童與所有陌生人的關係建立在如此微小的可能性之上，絕非良策。

人類對風險有意識，乃是因爲我們的生命不可預測且易受攻擊。問題在於，我們的風險意識往往產生出一套系統性扭曲的世界想像。比方說，我們傾向於高估食物中毒、謀殺等大受關注的死因；同樣地，我們也就低估了氣喘、糖尿病等不太受關注的死因。[18]人們也最常相信死於意外的人數多過病死，即使實情恰好相反。飛機失事或火車意外之後，會有些人避免搭乘火車或飛機，轉而開車，因爲他們認爲搭火車或搭機旅行很危險。但這個選擇非常不明智，因爲遭遇車禍的機率更高了好幾倍。據估計，二〇〇一年九一一事件之後，約有一千兩百名美國人由於害怕搭飛機而自行駕車，卻因此喪生。[19]不僅人們對於風險的概念往往系統性地扭曲，它們也不時直接自相牴觸，像是同一種技術（即放射技術）在醫療用途被認爲是低風險的，工業用途卻被認爲高風險。[20]

爲何我們對於自己所接觸到的危險會有這樣的誤解？其中一個解釋，是我們有一種心理傾向，會把注意力集中在負面事件，而不是正面事件上。一項重要因素在於，人們傾向於認爲高風險資訊比低風險資訊更可靠，不論資訊來源是當局、產業或壓力團體。不管傳達訊息的是誰，人們最常認爲最壞局面是最可信的。[21]此外，人們對於機率的理解最常是模糊不清的，他們聚焦更多的是所能想到的最壞結果，而非最有可能發生的結果。高度顯著的統計差異，對人們的風險概念幾乎毫無作用。不論可能性有多低，災難局面總是能造成恐懼。

一般說來，人們經由媒體而認識到各式各樣的危險，而大眾媒體養成了「戲劇性」的局面。新聞也是必須令人著迷的娛樂，因此往往試圖在觀眾與新聞所傳達的消息之間建立關係。理想上，新聞報導應該與觀眾自身的生活直接相關。單一事件被呈現於一套看似代表某一社會問題的框架之中，這個問題可能影響「我們所有人」，或至少影響人口的一大部分。這在許多脈絡裡當然都可能是合理的，但在實際呈現的形式中卻有種傾向，賦予每個事件的戲劇比例大過具有客觀基礎的部分，因爲戲劇比例更大才是「更好的新聞」。當意外事件發生，比方說，要是有個精神病患在街上隨機殺害一名行人，新聞呈現的傾向是暗指我們全都有被爲數眾多的這類人襲擊的疑慮，不該容許他們任意晃盪在其他人之間。

任何時候都有許多危險可能會成爲媒體呈現的主題，發行一份專門報導不同危險的報紙也沒那麼困難。某些危險被選定刊登於媒體版面，其他危險則被排除。但某種現象得到大眾媒體關注的程度，與其構成的危險之間並無明確關係。從統計上說來，不太要緊的危險往往受到大量關注，更嚴重的危險卻反倒被忽視了。簡言之，新聞價值並不取決於危險的嚴重性——危險「激動人心」更加重要。因此這種危險有一陣子大出鋒頭，直到後續案例充分將它搾取，再由新的危險取而代之。

有一個特徵反覆出現：負面消息被認爲是比正面消息更好的新聞素材，因此大眾媒體給予這種消息的空間也就更大得多。一項研究處理媒體對於《美國醫學會雜誌》（*Journal of the American Medical Association*）某期兩篇論文的報導，這兩篇論文都在探討輻射與癌症的關係。其中一篇論文講述某項特定研究，該研究顯示，在某一特定實驗室工作的白人男性，罹患血癌的風險提高。另一篇論文則說明，住在核能發電廠周圍的人，罹癌風險並未增加。乍看之下，人們可能會認爲以正向角度撰寫的後一篇論文得到了更多媒體版面，因爲其內容所涉及的人數遠遠多過前一篇，但媒體對那篇負向論文的報導卻遠超過另一篇。[22]

媒體對危險的探討受到如此有系統的扭曲，是一項嚴重問題。可被描述爲構成嚴重健康危害的事物，幾乎漫無止境。比方說，我們都在報上讀過這種報導，斷言長途飛行將使血栓風險提高，最廉價的機位尤其危險，但其實並未得到證據支持。固然有些人曾在這類航班上發生血栓，卻始終未能證明血栓起因於航班的壓力，也沒有夠多的案例能證明兩者相關。就我們所知，同樣這些人即使錯過航班不出門，仍有可能發生血栓。

最受媒體熱烈關注的疾病，不見得是致死人數最多的疾病。嚴重急性呼吸道症候群（SARS）病毒在二〇〇三年嚇壞了全世界，但世界衛生組織估算的嚴重急性呼吸道症候群全球致死人數則是七百七十四人，這個數字不得不說相當少。據計算，嚴重急性呼吸道症候群的恐慌在全球花費了三百七十億美元以上，而這樣的金額大概已經可以徹底消滅每年造成數百萬人死亡的肺結核。我無意輕視嚴重急性呼吸道症候群所代表的潛在危險，但大眾媒體特地以有意將危機最大化的方式談論這種病毒，卻很有問題。

不時有這樣那樣的病毒現身，由於死亡率極高而駭人至極。伊波拉（Ebola）病毒和馬堡（Marburg）病毒都是箇中顯例。但我們應該在此想到，相信這類病毒有可能傳染開來的根據極少——它們往往太快殺死受害者，因此也就沒有時間感染這麼多人。說到伊波拉病毒，值得一提的是，一九九五年它在剛果爆發時，造成最多人死亡的卻完全不是伊波拉病毒，而是嗜睡病。自從馬堡病毒在四十年前的一九六七年被發現至今，只有六次發作記載在案，根據世界衛生組織說法，總計造成四百六十七人死亡。每年死於一般感冒的挪威人，都是這個數字的兩、三倍。[23]流行病相對稀少——正因如此，才會在發生時引起軒然大波。今天，流行病幾乎成了日常之事，因為我們不斷受到一切潛在流行病的資訊轟炸——而且是大流行。大流行偶爾發生：平均每一世紀有兩、三次感冒大流行。上世紀最慘重的一次是西班牙流感，死亡率約百分之三，死亡人數在五千萬到一億人之間。

可以認為，流行病與文明成長的關係難分難解，文明讓我們得以成為各種各樣的存有（農業、都市化、貿易等等），同時又讓我們更容易受害於細菌傳播。[24]沒有理由相信我們有可能完全逃脫細菌的破壞，即使我們持續開發出更好的抗菌技術。我們可以滿懷確信宣告，新的流行病和大流行都會出現，但同樣屬實的是，生活在世上最富庶地區的我們，憑著更好的衛生和更好的醫療設施，將能相對無恙地度過，而世上貧苦的人們卻將要承受殘酷數倍的命運。我們理應為他們的命運而恐懼，但在我們的世界裡卻沒有這麼多值得擔憂的理由。

光是壽命的平均增長，便說明了愈來愈多的人能夠安度一生，而無需受苦於重大意外、疾病、暴力犯罪等等。英國女性的預期壽命爲八十一歲，男性則是七十七歲。自一九五〇年以來，全球平均壽命已增長了將近五分之一。我們要是把發展中國家分開來考慮，平均預期壽命在整個二十世紀增長了一倍有餘，從三十歲提高到六十五歲。當然有顯著的地理差異：在波札那、莫三比克、盧安達、尚比亞和辛巴威等愛滋病感染嚴重的國家出生的一般兒童，預計活不到四十三歲，而在一般工業化國家的兒童，則預計可活到七十八歲。儘管如此，強調預期壽命在絕大多數地點都在增長，卻很重要。

相較於先前的世代，疼痛、疾病和死亡是我們人生中更小的一部分。要是我們病了，我們能被治癒的機會高得前所未見。還沒多久以前，小傷口仍有可能因爲缺乏抗生素，而引發危及性命的感染。即使如此，人們卻沒有驚慌失措。當然，我們仍持續染病。比方說，罹癌病倒無疑很嚴重，但在英國罹患癌症的人，半數以上都能存活。[25]癌症發病率固然提高了，但在很大程度上可以用我們活到更高齡來解釋——罹癌風險隨著年齡增長而顯著提高。比方說，要是男人一生中有兩成機率罹患前列腺癌，其實沒必要太過擔憂，原因正在於我們談論的風險是分散於一生的。既然風險隨年齡而提高，一名四十歲男性在不久的將來罹患前列腺癌的機率將是不到千分之一，這麼低的機率不該是個怎麼擔憂都嫌不夠的共存問題。

我們對於醫療體系沒有多大的信心。根據二〇〇五年為輝瑞製藥公司（Pfizer）進行的一項調查，百分之六十七受訪者確實信任自己固定求診的醫師，但只有百分之四十九相信公立醫院，百分之三十六相信私人醫院，百分之三十二相信藥劑師，同時製藥公司只有百分之七信任度。[26]近五年來曾得到醫師診療的人，至少百分之二十二並不相信療法適當。百分之六十六則擔憂自己年老時得不到公共衛生服務良好照護，還有百分之五十一懼怕自己得不到滿意的醫療。大眾媒體的普遍提及，為這種不信任感火上加油。

有個嚴重的事例，是關於嬰兒疫苗所引發的歇斯底里。一九九八年，安德魯・魏克菲德（Andrew Wakefield）醫師在廣受認可的醫學期刊《柳葉刀》（*Lancet*）發表論文，他在文中的其中一項主張是嬰兒疫苗可能與自閉症有所關聯。[27]這篇論文得到媒體大篇幅報導，尤以英美兩國爲甚。隨後事態逐漸明朗，魏克菲德的主張站不住腳。《柳葉刀》與這篇論文劃清界線，該刊承認一開始就不該通過刊登。魏克菲德研究的十二名共同作者，也有十人公開與魏克菲德對研究結果的詮釋劃清界線。即使魏克菲德的研究信譽盡失，媒體報導仍繼續宣稱嬰兒疫苗的危險，導致許多家長不讓子女接種，繼而造成許多幼兒患病。[28]所幸接種人數如今又開始再度增長。

同一種醫學技術，治癒了我們卻也令我們更加害怕。尤其它還讓我們察覺到一件事：我們有可能患病卻毫無症狀。[29]某種意義上，疾病從可見的範圍轉移到了不可見範圍。[30]我們無法仰賴自己對自身健康狀態的感受，而且隨時都有可能成爲病人。我們人人自身皆有、能向我們透露哪裡不對勁的自發信任受到如此損害，造成了不確定和恐懼。數十年來醫師諮詢數量（乃至醫師人數）激增，這大概是其中一個重要理由：我們再也不信任自己的健康讓我們滿意，即使我們並沒有任何症狀足以說明其他問題。齊格蒙・包曼生動地總結了這種處境：

疾病不再被認為是有起點和終點的一次性事件，而是開始被視為與健康常相左右，是健康的「另一面」，也是始終存在的威脅：疾病要求人們永保警惕，必須日以繼夜、周而復始地對抗並擊退它。保健成了對抗疾病永無休止的戰鬥。[31]

遏制健康危害的每一種措施，本身就包含著新的危險。比方說，我們被告知不該曝曬太多陽光，因爲皮膚癌的風險會提高，但我們接著又被告知，曝曬太少可能導致維生素D嚴重缺乏，從而導致免疫反應減弱——罹癌風險因此提高。於是要在各種斷言的密林中找到出路，得出總體而言讓我們接觸到最多風險的是什麼，也就沒那麼簡單。如今愈來愈多的醫療也都在針對所謂醫源性疾病（iatrogenic illnesses），也就是起因於前一次醫療行爲的疾病。[32]從那樣的觀點看來，人們感到擔憂也就不足爲奇了。

多數恐懼與食物有關。食品安全一直是媒體報導的穩定來源，要是有誰眞的相信我們被告知的一切食品相關危險，他們大概再也不會進食了。幾乎沒有哪一種食物品項不與這樣那樣的健康危害相關。許多人也害怕食物中的殺蟲劑殘留讓他們染病，但究竟有沒有哪個人死於食物中殘留的殺蟲劑，卻很有疑慮。許多人死於營養不良，也有些人死於食物中毒，但我們吃食中的殺蟲劑含量就是太少，不足以造成任何傷害。曾任英國食品標準署（British Food Standards Agency）署長的約翰・克瑞布斯（John Krebs）主張，正常一杯咖啡中的天然毒素含量，僅與一名尋常消費者一年內從殺蟲劑殘留中攝取的合成毒素含量相當。[33]人們應該由此得出的結論，不該是這杯咖啡特別危險，反倒是殺蟲劑殘留遠低於人體的限值，因此無害。就是沒有證據足以證明食物中微量殘留的殺蟲劑能對健康造成任何損害，就連可能假定累積效果的長期損害也無從證明。[34]但在新聞媒體上，我們看見少得令人難以置信的毒素被描繪成健康危害，卻隻字不提關鍵的毒素含量這點。人們讀到人體每天都在攝取戴奧辛，可能會受到驚嚇，因爲戴奧辛毒性極強，還會長期存留在體內。事實上，我們每吃一口食物、每喝一口水和每次呼吸都會吸入戴奧辛。但關鍵在於，排放和食物中的戴奧辛含量受到嚴格規範，日常劑量因此不足以威脅健康。許多毒素劑量小的話，其實反倒對我們有益。有機食品製造者大概動機良善，他們試圖創造一種印象：傳統農業產出的食品會危害我們——但這樣的主張並無根據。英國土壤協會（Soil Association）必須回收一本聲稱有機食品滋味更好、更健康、更有益於環境的小冊子，因爲廣告標準管理局（Advertising Standards Authority）找不到任何有力證據支持這些主張。有機食品製造者創造出非有機食品危險的印象，但有機食品生產比起傳統食品生產，對我們的健康或環境更可取的主張，其實幾乎毫無科學基礎。[35]

有一種廣泛流行的誤解，認爲「天然」必定有益於我們，而「合成」、「人工」或「技術」則是一大危險。技術讓我們得以限制住大自然早先讓我們接觸到的諸多危險。當我們未能加以限制，當意外和自然災害持續發生，就有愈來愈多人主張，問題終究要以人類干預自然來解釋。但我們應該記住，正因爲我們干預自然，才能眞正防止諸多災害發生。不僅如此，我們也應該留意，「舊」危險一般說來造成的傷害更大於「新」危險。你想要平安度過職場生活，免於任何工作相關重大傷害的話，通常最好是選擇高科技職缺，而非低科技職缺。在化工廠工作比起當伐木工人更安全幾倍。[36]

技術往往被刻劃成異於人性之物。但事實上，技術或許是人們所能想像最有人性的事物。少了技術，我們就不能存在為現在這樣的生命。受自身純粹動物性擺布的我們，恐怕早已滅絕。可以說，技術讓人類有了發展的可能。還可以更好辯地說，不是人類發明了技術，而是技術發明了人類。「自然」人若是意指非技術人，那麼這樣的人不曾存在、也不可能生存。人類的遠祖所開發的技術（如石斧），讓人類有可能從自然的霸權中解放，繼而讓我們這樣的存在得以發展。技術釋出資源，發展出更大的腦容量——尤其語言。因此，把技術刻劃成非人性之物，根本上就已經出錯——恰好相反，人類為了成其為人類，始終都仰仗著技術。技術遍布於人生的方方面面。

在「技術為人類可能做到的事開闢出新的可能性」這層意義上，人與技術的關係始終落後一步。技術並不包含讓我們不受影響的各種輔助。真要說的話，技術改變了我們的實踐——從而也改變了我們。技術創造出某種「第二天性」，同時改變了世界想像和生活方式。它讓我們有可能征服自然強加於我們的諸多限制，例如我們可以不間斷地跨越遙遠距離互相聯繫。這層關係構成問題的部分在於，我們在很大程度上是把一種依附形式替換成另一種——我們從自然中解放自我，卻又從屬於技術霸權之下。

而在「我們絕不可能概觀新技術造成的一切後果」這層意義上，我們也始終落後一步。我們早已跨過了能與技術齊頭並進的階段。我們招來了更大於以往的理解滯後（comprehension lag）。承認這個事實對我們不太容易，因爲這意味著我們暴露於一個始終包含著無法預見之事的外在世界。對無法預見之事的承認無從消除，它牴觸了風險社會的一種基本感知：存在應該能讓對象受到完全控制。絕無意外空間——除了被忽略或誤算的風險之外，別無其他。這套思維方式的一種極端表述，是《英國醫學雜誌》（*British Medical Journal*）禁止專欄文章使用「意外」一詞的決定。[37]此舉的理由在於「意外」往往被理解成不可預見之事，但既然大多數傷害及其起因都是可預見的，就不該使用這樣的表述。這個決定在該刊引起了大論戰，因爲並非所有人都對這個語義學的決定感到刮目相看。當然有可能論證，「意外」一詞往往就只是意指無心造成的事件。在這種情況下，將某個事件稱爲意外就有可能是正確的，即使人人都能預見事件發生，就只有惹出事端的人自己無從預見。同樣應該指出，人們如今普遍同意，一般說來不可能百分百預見事件發生，只能以一定程度的機率預見。儘管如此，這個脈絡的重點在於，《英國醫學雜誌》的決定，必然意味著人類生命原則上絕對可受控制，我們全都有某種義務，採取一種計算的態度去面對周遭環境。

但我們的生命卻無法完全受到控制。挪威醫師斯塔勒・佛瑞德里克森（Ståle Fredriksen）用一種耐人尋味的角度看待健康，以「厄運」（bad luck）爲其核心概念。[38]一個人在多大程度上會不會生病，不僅決定於個人自身或其周遭能夠或應該預見後果而做出的選擇，還取決於好運和厄運。他提醒人們注意三種運氣：（一）體質運（constitutional luck），亦即我們與生俱來的基因種類、免疫反應等；（二）境遇運（circumstantial luck），亦即我們遭逢了何種處境；（三）後果運（consequential luck），例如我們的選擇所帶來的不可預見後果。一個人生病與否，決定於所有這三項因素，相信萬物都能成爲控制對象是一種幻覺。比方說，人會不會罹癌，很大程度上決定於個人性情。多數接受大量日光浴的人並未罹患皮膚癌，多數吸菸的人也並未罹患肺癌——即使必須指出，吸菸是高風險行爲，很難相提並論。我們的人生必將與不確定性相關。問題在於我們應該對這種不確定性採取何種立場。

風險文化是這樣一種文化，人們以「專業評估」爲基礎的程度大得前所未有，同時卻又極度懷疑專家的可靠程度。隨著世俗化（社會學者馬克斯・韋伯〔Max Weber〕稱之爲對世界除魅〔demystification of the world〕），科學成了我們對抗危險的保障，而非宗教。問題在於，完全相同的科學在很大程度上，彷彿也是最大的威脅。電影中往往把科學家刻劃成癡迷的人，想要終結我們所知的世界。觀賞老電影往往能讓人一窺那個時代最懼怕的對象，一九五〇年代的電影往往涉及核實驗創造出駭人的突變種怪物，而自一九七〇年代以降，生態破壞和疾病則支配了電影中對科學的呈現。[39]烏爾利希・貝克寫道：「危險的源頭不再是無知，而是知識」。[40]但通常在與風險問題的關聯中，強調的卻正是欠缺知識，得知既定行爲或發明的一切後果是不可能的。社會學者尼克拉斯・魯曼（Niklas Luhmann）主張，技術進步得太過迅速，我們沒有足夠時間蒐集必要資訊，導致我們理性選擇的能力遭受損害。[41]可以說，在高科技社會裡，一舉一動都得在不牢靠的基礎上決定。

哲學家漢斯・約納斯（Hans Jonas）倡導他所謂的「恐懼啟發法」（heuristics of fear）。[42]他把這種恐懼呈現爲一種道德義務。這不是一種退化爲無望的恐懼，反倒是一種內含希望的恐懼，希望在我們的能力範圍內能避開懼怕的對象。[43]約納斯立場的基本特徵，是我們必須讓負面預測優先於正面預測，並以所謂預防原則（precautionary principle）作爲我們的基礎。但約納斯的原則表述得極其含糊，無從確定某一危險需要多麼嚴重，才能讓這項原則凌駕於通常的成本效益分析。他在某幾點上看似預設它主要與我們能稱作「總體災禍」（total catastrophe）的情況有關。例如他說，我們不靠至善也能生活，但卻不能少了至惡。[44]要是我們在試圖改善世界之際，也要冒著讓「至惡」、也就是總體災禍發生於世間的風險，我們就不該冒這種險。這是不負責任的。但如此規模的潛在災禍並沒有很多——如此一來，也就非常難得有機會援引這項原則。

乍看之下，預防原則似乎是個好主意，畢竟我們全都聽著「不怕一萬，只怕萬一」這樣的格言長大。作爲一項明確的原則，它興起於一九七〇年代，儘管之前就有許多這種思維的範例。[45]這項原則獲得了廣泛認可，明載於許多國家的國內法律和國際條約之中。白宮之類機構的公開報告也會提及預防原則，尤其在與健康和環境相關的議題上。提及這項原則幾乎成了例行公事，以表現某人「負起責任」，但表述的內容通常卻說得不清不楚。

預防原則的兩個核心層面與不確定性和傷害相關。不確定性可能有很多層面，包括因果關係、可能反制措施的規模或效果等等。不確定性始終都會存在。基於對完全確定的要求，一舉一動都會發生在不牢靠的基礎上。預防原則旨在解答「人們對這份不確定性應該採取何種態度」這個問題。至於這項原則更具體而言意義爲何？回答起來卻沒這麼簡單，因爲它有二十多種定義，除此之外，有些定義還互相矛盾。

其中某些定義太過微弱，幾乎不會有人在接受它們時產生任何值得一提的疑難。比方說，接受人們可以實行措施預防潛在傷害就不成問題，即使人們並沒有確鑿無疑的證據證明某一事物有害。還有許多例子可以合理推定某一事物有害，即使人們並不知道確切因果關係。另一方面，在這項原則最有力的版本裡，則需舉證證明某一事物無害，才能容許它存在——例如綠色和平組織（Greenpeace）就持續倡議，在廢棄物並未載明無害的情況下，禁止一切廢棄物傾倒；但這種要求在實務上不可能得到履行。這兩個極端之間還有許多居中立場。有些定義需要潛在的災禍，其他定義則僅需對生命與健康的潛在危害。有些定義著重經濟關係，認爲必須要有「成本效益措施」，其他定義則不提這點。有些定義認爲這項原則是其中一種決策判準，其他定義則不然。對於何種定義最正確並沒有一致的意見，即使某些定義的分量更重於其他的。[46]儘管如此，當一項政治措施僅只表明以預防原則爲其基本原則，卻不具體說明它所考量的是預防原則的哪一版本，那就有問題了。

許多壓力團體都試著十分強烈地解讀被採納的原則，認爲每一項風險都是不可接受的。預防原則最強烈的版本，可能對眞正有助於我們的發明構成嚴重阻礙。二〇〇三年實施的一項調查訪問了多名科學家，想知道在他們看來，要是科學由預防原則指導，會有哪些醫學、技術或科學進展受阻。[47]受訪者列出的清單包含抗生素、阿斯匹靈、輸血、汽車、氯、電力、燈泡、器官移植、避孕藥、飛機、雷達、無線電、太空旅行、火車、疫苗和X光。這項調查是基於十分強烈的預防原則表述，但即使如此，調查結果仍表明，這項原則的根本負面取向是有問題的。

預防原則並非無害。我們愈是預防，就會愈頻繁地採取措施，預防絕對不可能眞正發生的傷害。所有這些措施都要求資源，導致了可用的資源減少。要是以最嚴格版本的預防原則爲出發點，並將它擴充到涵蓋各種可能負面影響健康或環境的情況，而不是將它保留到災禍發生再援用，社會要負擔的經濟成本可能會是天文數字。另一方面，要是爲了潛在災禍而保留這項原則，它就只會非常難得用上，因爲潛在災禍就是沒那麼多。

要進行完整風險評估的話，只考慮引進新技術的潛在有害影響是不夠的；也必須考慮不引進新技術的潛在有害影響。比方說，可能拯救人命的藥物進行極爲徹底的試驗也附帶著風險，因爲這可能導致病人在等待藥物核准時就死去。眞要預防的話，就應該同時將某一特定措施的利弊納入考量，但這樣一來，彷彿到頭來又落入了再普通不過的成本效益分析。

許多爲降低危險總量的努力，實際上反倒增加了危險。問題在於，人們沒頭沒腦地盯著某一既定做法所導致的危險，卻不考慮這種做法的正面影響。只看待使用某一產品相關的潛在危險，可能會造成嚴重的後果。負責任的風險思考也必須考慮到不開始使用某一產品的危險。這方面有個經常被引述的例子，那就是一九九一年秘魯的霍亂大流行，為了避免氯可能造成的有害影響而從水源除氯，因此造成七十多萬人染病、數千人死亡。[48]另一個更極端的例子則是滴滴涕（DDT）殺蟲劑。這種物質毒性極強，分解速度極慢，早在一八七四年即已發現，但這種物質殺害昆蟲的能力，直到二十世紀中葉才被證實。儘管事實上並無科學證據能證明滴滴涕特別有害於人類，環保人士仍成功促使許多國家禁用這種物質，他們的觀念是必須「預防」滴滴涕可能構成的威脅。在我們的世界裡，禁用滴滴涕的後果不太嚴重，但許多國家和國際組織卻對發展中國家施壓，要求發展中國家也停止使用滴滴涕。那麼，滴滴涕使用大幅減少又會有什麼問題？滴滴涕是一種廉價的作用劑，已經證明能極為高效地對付瘧蚊。[49]減少使用滴滴涕，蚊子就會捲土重來，瘧疾隨著蚊子而復發，造成許多人患病和死亡。很難估計未來的確切走向，但常見的受害人數估計是五千萬人左右，即使某些估計多達九千萬人。滴滴涕不是靈藥，許多地區的蚊子也對它發展出了抗藥性，因此必須尋求其他解決方式。儘管如此，對抗滴滴涕造成人命的慘重損失卻是顯而易見。

正如前文所見，要是援用預防原則的話，如今許多使我們受益的創新，恐怕連發想都做不到。同樣道理自然也適用於今天和明天的發明。看來它不該是一套日常行動基礎所在的原則，反倒應該適用於很小的範圍內——而且只在有充分理由感到疑慮或不確定時，援用一套微弱的版本。基本上，人們應該對於預防小心謹慎。

在預防的世界裡，支配未來的是危險而不是可能性。未來的威脅成了當前變遷的起因。我們與一種不斷指向災禍的目的（telos）共存。即使某一威脅得以避免，不計其數的新威脅也始終即將發生。對抗所有這些危險的可能程度毫無止境。正常來說，恐懼力求保守。改變被看作風險，因此是危險之事，因為每一次改變都有可能變得更壞。社會學者法蘭克・福瑞迪稱之為「恐懼的保守主義」（conservatism of fear）。[50]這一政策反對改變，希望維持現狀。即使它要接受改變，也是為了回歸更「原初」的狀態。這正是政治情勢開始演變得如此匪夷所思的一個重要理由，昔日的「激進」勢力如今顯得極其「保守」，昔日的「保守派」卻突然看似成了「激進派」。福瑞迪如此描述這場「激進」運動：

不錯，他們是激進分子，但他們的激進主義卻全以反對改變為目標。對未來和改變之後果的恐懼，形塑了這場運動的想像。永續精神、預防原則教條、對自然和「有機」的理想化——全都對人類志向與實驗表現出厭世的不信任。[51]

這份不信任尤其指向資本主義與科學所驅策的改變。我們選擇了將惡最小化的策略，而不是促進善。這在許多情況下都是明智的策略，卻不意味著它應該是唯一策略。

社會科學家弗朗索瓦・艾瓦德（François Ewald）強調，風險思維有一種成長趨勢，會愈傳愈廣，並創造出防阻政策。[52]這樣的政策不僅試圖阻止真實危險，也試圖阻止潛在危險——而潛在危險無窮無盡。艾瓦德寫道：

> 風險取得了某種本體論的地位。生命自此以本質上的不穩定性（essential precariousness）為其特徵。死亡並不在生命之外，反倒銘刻於生命之中，以風險形式伴隨著生命——從這樣那樣汙染物的極微風險，到災變或核武威脅的總體風險。

差別在於：風險所代表的不只是某種虛擬威脅或僅止於可能之事，而是全然真實。風險讓僅止於可能之事成了有效——可量化的存在。生命對自身、生命對死亡的這種新關係，無疑能夠引起焦慮，以及某種集體和個人的自保狂熱。[53]

什麼樣的風險程度是可接受的，並無客觀的標準——它是實際問題。問題在於，可被堅持的安全防護程度並無上限，因爲總是能夠採取更進一步的安全措施。這些措施繼而往往會限縮我們的自由與行動空間，從而影響我們的生活品質。

正如艾瓦德所強調，風險視角確實也開啟了生活在風險中的新可能性。人們可以運用它，爲生活帶來新的強度。許多人自願暴露於他們在這樣那樣的意義上會感到恐懼的處境。換言之，恐懼也可以極具吸引力。

4

恐懼的吸引力

一個令人驚恐的世界
是生活起來很有趣的世界
在紫禁城中
或在世界屋脊上
或在晚上九點
新聞的接收端
不管你怎麼花心思
都能從選定之處找到恐懼

——雜誌樂團（Magazine），〈因為你嚇壞了〉（*Because You're Frightened*），收錄於專輯《肥皂的正確用法》（*The Correct Use of Soap*, 1980）

尼采抱怨，這世界之所以失去大半魅力，是由於人們不再充分懼怕它。[1] 這個診斷看來不太適用於我們這時代。恐懼文化的興起也幾乎不能說是讓這世界更迷人。但尼采這段話有一點頗耐人尋味：恐懼與魅力有關——至少就「魅力」一詞的原義而言。「魅力」源自拉丁文 carmen，意指因「唸咒」而產生吸引力。一個消除了所有恐懼的世界，看來會非常缺乏魅力。這讓人想起尼克・凱夫（Nick Cave）在〈神在我家〉（*God is in the House*, 2001）這首歌裡描述的社會：

善意的小治療師
踢著正步遵照十二步驟滴酒不沾的人
微醺、踉蹌、倒在地上尿褲子
我們沒空搞這些
零犯罪、無恐懼
我們把小貓都養成白色

恐懼為世界增添色彩。沒有恐懼的世界會極其乏味。就生物化學來說，恐懼與好奇相關，刺激的電影和體驗之所以這麼有趣，好奇可能是其中一種重要理由。那些為了讓人們滿懷緊張與恐懼而創作的小說、電影和電視連續劇，是最受歡迎的。作家史蒂芬・金（Stephen King）的小說銷量，據說多達兩億五千萬本。這種對驚恐的著迷當然不是新鮮事，我們在古代和中世紀的藝術與文學裡都能找到範例；但一直要到十八世紀中葉，尤其在哥德式小說興起之後，可怕的事物才成為美學的重要範疇。[2]

被小說、電影或電腦遊戲嚇得幾乎魂不附體，此事無疑有些令人愉悅之處。你以為自己讀過、看過了這麼多，心智已變得剛強，再也沒有什麼能產生同樣效果了，但接著就出現新的事物，帶你進入了前所未見的恐怖新領域。小時候我讀愛倫坡（Edgar Allan Poe）和洛夫克拉夫特，總是神經緊繃——我覺得它太邪惡了，簡直不敢多讀一頁，即使如此卻又忍不住接著讀下去。我還記得電影《沉默的羔羊》

（*The Silence of the Lambs*, 1991）上映時，我在電影院的座位上提心吊膽。當我在很小的時候看到雷利・史考特（Ridley Scott）導演的《異形》（*Alien*, 1979），更是嚇得動彈不得，而我的驚恐有不少來自於藝術家吉格爾（H. R. Giger）所設計、全片中多半只隱約提及的那隻怪物。最厲害的電腦遊戲甚至可以比小說和電影都更加邪惡，因爲你以更直接的方式親身參與虛構的宇宙，比方說，在《沉默之丘》（*Silent Hill*）系列遊戲中，我兩手汗毛持續倒豎了好幾小時，使得它們看來有可能永遠豎立著。幾乎沒有多少美學體驗，能與如此深刻又強烈的恐怖感受匹敵。

人們可能想知道，考慮到我們除此之外往往避開任何驚嚇我們的事物，這些電影及同類事物究竟何以如此迷人。正如前文所述，恐懼引起的典型反應，是試著盡可能在我們自己和讓我們驚嚇的事物之間拉開最遠的距離——但在此，我們卻出於自由意志尋求恐懼。我們之所以如此，在於這些體驗不知何故帶給我們正面的感覺，滿足了某種情感需求。受到某一事物強烈影響，帶給我們的人生某種存在感。感到人生在情感上不過是在空轉，內在生命缺乏熱情，則有可能令人厭煩。如此一來，基本負面的情緒看來就有可能爲這種惰性提供正面的替代選項。

華倫・澤馮（Warren Zevon）在〈那豈不全然漂亮嗎〉（*Ain't that Pretty at All*, 1982）這首歌中生動地刻劃這點：

我要把自己撞在牆上
因為我寧可難受，也不想毫無感覺

儘管如此，既然有許多正面情感可用，我們為何要渴求一種負面情感？當我們的情感語域裡含有這麼多其他情感，乍看會讓人覺得加倍迷人，恐懼情感又何以如此吸引人？或許一部分答案在於，我們有一種體驗完整情感語域的需求，而我們以小說、極限運動等形式體驗到的那種恐懼，打破了單調的「日常性」（everydayness）。但這看來或許牴觸了「我們生活在恐懼文化之中」的主張。要是我們活在一種以恐懼視角看待大多數事物的文化之中，這些自發性恐懼體驗想必都是多餘的。但我先前也曾強調過，這種文化中圍繞我們的主要是一種「低強度恐懼」，不是會讓全身進入戒備狀態那種帶給我們強烈、震撼心靈體驗的恐懼。這種恐懼更像是一種可被稱爲持續、微弱的「牢騷」，但即使如此，也會導致我們自保、作繭自縛，並與周遭世界隔離。在那樣的情況下，厭煩越來越普遍，某種程度上可說是恐懼文化的結果。而某種更爲強烈的恐懼體驗，看來則會是厭煩的解藥——或至少能緩解一部分。恐懼似乎成了某種不同於平常的事物，足以抵抗枯燥厭煩的日常生活。厭煩逼使人們向超越跨出一步。

看恐怖片、玩某些駭人的電腦遊戲，都是體驗危險的安全方式。王爾德（Oscar Wilde）寫道，藝術表現眞實，亦即人生，但形式是溫馴、使我們不致受傷的。因此藝術比人生更可取：

> 因為藝術不會傷害我們。我們看表演流下的眼淚，是一種精美的無菌情感，而喚醒這種情感正是藝術的功能。我們哭泣，但未受創傷。我們悲傷，但悲而不憤……正是經由藝術，也唯有經由藝術，我們才能實現自身的完善；經由藝術，也唯有經由藝術，我們才能抵禦真實存有的齷齪危害。[3]

在王爾德看來，藝術成了一片得天獨厚的空間，令我們得以體驗人生所能帶來的全副情感，而不必付出眞實生活中往往與這些情感相關的代價。暴力又駭人的小說可以是處理我們情感的良好媒介。兒童也能由此受益，藉以學習克服自身恐懼。[4]儘管如此，我們尋求這些體驗的理由，卻不是因爲我們相信它們會有助於我們掌控人生，純粹只因爲它們本身就富有成效。

激起審美反應的事物，通常是讓我們同時感到懼怕又愉悅的，而這往往是邪惡之事。尚・惹內（Jean Genet）在自傳小說《竊賊日記》（*Journal du Voleur*, 1949）的開場寫道，驅策他的是「對我們所謂惡的愛好」。[5]他想要經由「建構忠實的邪惡視野」來「尋覓新的失樂園」。[6]關鍵在於行動本身是否美好；道德從屬於審美。[7]一舉一動都可以是美麗的，就連背叛都美麗。將舉動斥爲不道德的每一個反論都會完全失效，因爲理所當然，道德反論不能優先於審美反論。惹內寫道：

> 道德者的善意在我的詐騙裡被敲碎了。雖然他們可以為我證明出某行動之所以惡，在乎於它造成的傷害，但是只有我才能決定接受或拒絕。而惡德在我體內激淬

出的歌曲，使我抵達優雅與美麗。沒有人可以把我拉回正道。[8]

在此影響惹內的概念，也包含波特萊爾（Charles Baudelaire）。波特萊爾在《惡之華》（*Les Fleurs du mal*, 1857）序言初稿中提及，他試圖「從惡中萃取美」。[9]一切事物都有可能變得美好，但波特萊爾似乎主要是把美與惡聯繫起來，比方說他就主張謀殺是美麗珠寶中最貴重的。[10]道德從屬於審美，善與惡首先成了審美範疇：「在可厭事物中，我們發現魅力。」[11]波特萊爾在日記中寫道：「撒旦是陽剛美最完美的典範。」[12]

而在波特萊爾之前，托瑪斯・德・昆西（Thomas De Quincey）也在一八二七年的論文〈謀殺視為一種藝術〉（*Murder Consider as One of the Fine Arts*）談論過類似的想法。[13]德・昆西的文本令人震驚之處，在於他提倡不從道德立場看待謀殺，而是以審美視角看待，亦即與品味相關。[14]「謀殺視為一種藝術」這件事也具有諷刺性，卻不會因此顯得比較不冒犯他人。德・昆西的看法也並非從零開始的創造，而是發展了艾德蒙・柏克和康德表述過的概念。柏克在他對美與崇高的研究中寫道，人們可以宣告自己有意演出最崇高且最感人的悲劇、指派最受歡迎的演員、布景和裝飾的舞台美學不遺餘力，再加上最講究的音樂——然後公告周知，要在劇院外的廣場處決某個地位顯赫的罪犯。他說，結果必定是劇場立刻空無一人。[15]這點他大概沒說錯。可以想見，這些人都出於某種強烈道德感而蜂擁圍觀公開處決，他們就只是想見證正義完全獲得伸張，即使這種解釋並不特別具有說服力。將他們引向處刑現場的，會是道德考量以外的某些因素。柏克指出，觀看那些我們不但無法親自實行，也情願看到不被實行的事，會讓我們感到滿足。[16]換句話說，他指出審美與某些事件引起的道德反應互相矛盾。但上述實例的關鍵在於，它強調崇高的眞實超越崇高的藝術。

柏克指出審美愉悅有一個來源，本質上不同於體驗美好事物的樂趣，那是一種黑暗、不道德和反社會的享受。他強調，我們最強烈的情感體驗，與被威脅的感受相關。而這種感受被昇華爲崇高。[17]但眞實感受到威脅和擁有崇高體驗之間仍有差異。如果我們確信生命與身體陷入眞實危險，我們就不能感受到絲毫愉悅——就只會覺得可怕而已。比方說，龍捲風可以是一幕崇高的景象，但唯有在遠處觀看，沒有被捲入其中的立即危險時才會這樣覺得。當距離這元素添加進來，好讓我們感到更安全，一切都會改變，崇高體驗得以向我們開啟。但恐懼必定牽涉於其中，因爲恐懼是崇高的基本原則。[18]如此說來，柏克的基本前提是恐懼在不太逼近時會產生愉悅。[19]

萊納・瑪利亞・里爾克（Rainer Maria Rilke）在《杜伊諾哀歌》第一首哀歌中描述的美，其實描述的是崇高：

> 因為美無非是
> 那可怖者的初始，那個我們依然能承受的，
> 而我們如此驚羨它，因為它不動聲色地不屑於
> 毀滅我們。[20]

在康德探討美與崇高的第一部著作中，他與柏克的差別其實沒有那麼大，即使他賦予「令人畏懼的崇高」（das Schreckhaft-Erhabene）的作用不像柏克那樣重要。[21]

不僅如此，他也不認爲驚嚇足以成爲崇高感的充分起因。在康德二十六年後問世的《判斷力批判》一書中，他和柏克拉開了距離。以下先概述康德對崇高的概念，而後更仔細考察他和柏克的立場差異。崇高體驗是一種幾乎被粉碎的體驗。我們的想像力瓦解，只剩下對某一巨大無垠事物的景仰或敬畏。康德區分了崇高的兩種形式：數學的崇高和力學的崇高。數學的崇高單純地與本質上偉大的事物相關，例如山嶽、海洋或外太空。這些客體太過巨大，以致我們在概念上無法掌握。另一方面，力學的崇高則與足以粉碎我們的暴力這類本質相關——例如強風。康德主張，崇高最初引起的驚嚇被反轉，我們用這樣的方式意識到自己內在的昇華，亦即理性，判斷力也因此終於體驗了愉悅感。也就是說，在康德看來，崇高不過是某種間接愉悅的源頭，因爲這種愉悅並不是源自眞正體驗暴烈或無限之物，而是更多來自理性意識到它本身甚至超越了感知所給予的。由此觀之，崇高的並不是客體本身，而是觀看客體的人。

按照康德的說法，崇高在我們心中激起一種「消極的愉快」（negative desire），既被吸引又被拒斥。[22]他用以下這段話總結崇高最重要的特徵：

險峻高懸的、彷彿威脅著人的山崖，天邊高高堆聚挾帶著閃電雷鳴的雲層，火山以其毀滅一切的暴力，颶風連同它所拋下的廢墟，無邊無際的被激怒的海洋，一條巨大河流的一個高高的瀑布，諸如此類，都使我們與之對抗的能力在和它們的強力相比較時成了毫無意義的渺小。但只要我們處於安全地帶，那麼這些景象愈是可怕，就只會愈是吸引人；而我們願意把這些對象稱之為崇高，因為它們把心靈的力量提高到超出其日常的平庸，並讓我們心中一種完全不同的抵抗能力顯露出來，使我們有勇氣對抗自然界的這種看似無所不能的力量。[23]

康德和柏克的一個關鍵差別，與他們在崇高體驗中分配給恐懼的角色有關。如上文所見，柏克斷言體驗者必須安全無虞，但即使如此，主體仍暴露於一種近乎鋪天蓋地的懼怕感。他強調，令人懼怕的對象完完全全將意識填滿，無法容下任何其他想法。[24]主體佇立在現場，或多或少被動地接受巨大無垠的事物。康德則把距離拉得更開，他確信直到人類自身的理性克服了這份巨大無垠，崇高才能實現。

他強調人類對於巨大無垠和險惡事物的自由。正是這樣的克服才能產生愉悅感，而最初鋪天蓋地的感受則只是不快。康德因此寫道，處於恐懼狀態的人不能對崇高作出判斷：「前者迴避去看一個引起他畏懼的對象；而對一種被認爲眞實的恐怖是不可能感到愉悅的。」[25]與崇高相關的恐懼不是眞正的恐懼：「一種近乎驚恐的吃驚，恐懼與神聖的戰慄就會攫住觀看者……都不是眞正的害怕。只是企圖憑藉想像力使我們自己參與其中，以便感到這種能力的強大，並把由此激發的內心活動和內心寧靜結合起來。」[26]我們可以說，唯有在駭人之物某種意義上受到控制時，崇高才會顯現。愉悅並不與危險體驗相關，反倒與「從危險中擺脫出來」相關。[27]因此在康德著作中處理的距離感，程度與柏克截然不同。

德・昆西進一步延伸柏克和康德的反思。如果暴烈的本質可以成爲美感體驗的一個來源，（或許更爲駭人聽聞的）人類暴力又爲何不該是美感體驗的來源？暴力自身就具有吸引力。可以主張暴力是可憎的，但也能同樣輕易地主張暴力是崇高的。沒有任何理由能讓其中任一判斷不具正當性。這兩個例子處理的都是品味判斷——而審美品味未必符合我們的道德判斷。這並不意味著道德考量必然無關於某一客體或事件的審美評價，但兩者也未必相關。

很難想像有哪種人類行爲比謀殺更能體現崇高，正因其過度且引發懼怕的本質。柏克的公開處決的例子表現出他對這種可能性持開放態度，即使他對此並沒有進一步探討。另一方面，康德則把崇高帶到了另一個方向。他確實強調戰爭作爲一種崇高之事，但僅限於受控制的溫和戰事：「甚至於戰爭，如果它是有秩序、對公民權利具神聖不可侵犯的尊重而進行的，本身也就具有某種崇高性。」[28]這句話可受質疑。如此說來，一場罔顧個人權利而進行的戰爭，就不可能被看作更崇高的嗎？且讓我們引述一名越戰美軍士兵的話，他談到自己站著觀看北越軍人的屍體時浮現的想法：

> 還有一次，我站在自己的人性邊緣，往散兵坑裡看去，愛上了自己看到的景象。我屈服於一種美感，它脫離了令我們得以感受他人痛苦的那種關鍵同理特質。我在那兒看見了一種可怖之美（a terrible beauty）。戰爭不只是醜惡的精神……它也是件偉大又美得誘人的事。[29]

康德不會把這種事認可爲崇高，反倒會把它降格到「可怖的」範疇之下。[30]但柏克卻會毫不遲疑地聲稱，這名美軍士兵經歷了一種崇高體驗。廣義來說，康德將崇高體驗限制在接觸自然，即使他也將某些人造現象包含其中，例如金字塔、羅馬聖彼得大教堂，以及戰爭。也許是對康德的反諷，一團巨大的有毒煙霧是唐·德里羅小說《白噪音》中的崇高現象：

> 這團巨大的黑雲就像挪威傳奇中的幽靈船，它緩緩在夜裡移動，旁邊還有幾個有螺旋翅膀的裝甲怪物護衛。對此，我們不知道該作何反應。在我們眼前的固然是極恐怖的東西，如此接近、如此低垂，夾帶了氯化物、石油醚、酚類、碳氫化合物和種種實際構成這有毒氣體的物質，但它也是壯觀的，是一連串雄偉事蹟中的一件，就像調車場的生動景象；就像帶著孩子、食物和家當跋涉於雪中天橋上的那群悲哀的流亡人馬。我們的恐懼伴隨著一種近乎宗教的敬畏感。對於會威脅到你生命的東西，你當然會敬畏它，會將其視為一種遠遠大過你、強過你、在原始而任性的

律動中創造出來的宇宙力量。這次的死亡威脅是人為的，性質明確，規模也可以測量，但我們卻以最簡單而原始的方法看待它，把它當作像洪水或龍捲風之類以周期性出現肆虐地球的東西，當成某種無法控制的天然災害。我們此刻心中的無助，已經強大到讓我們無法想像這是一場由人類所製造出來的事件。[31]

康德大概也會把這團有毒煙霧置入「可怖的」範疇，與謀殺等量齊觀。尼采提到的消亡世界中的快感與崇高，在他看來大概會是完全陌生的。[32]康德因此阻止了自己探討由柏克所揭示、又被德・昆西推到極限，呈現出人類毀滅性也可成爲審美愉悅其中一個來源的那條線索。

德・昆西任由崇高超越美，藉以容許審美超越道德。犯罪是迷人的。亞當與夏娃違背神的命令，吃了知善惡樹上的果子，他們的兒子該隱與亞伯，則分別成了第一個殺人兇手和被害人。

各式各樣犯罪的記述，歷史悠久一如文學本身，它們的主題往往取自眞人眞事。其中家喻戶曉的例子，當屬約翰・蓋伊（John Gay）的《乞丐歌劇》（*The Beggar's*

Opera, 1728），斯湯達爾（Stendhal）的《紅與黑》（*Le Rouge et le noir*, 1830），以及杜斯妥也夫斯基（Fyodor Dostoevsky）的幾部小說。即使如此仍必須強調，所有這些作品都是虛構化的呈現。米歇爾・傅柯（Michel Foucault）說，一種新的犯罪文學在德・昆西的時代湧現：

> 在這種文學中，罪行受到頌揚……這是因為它是一種美的藝術，因為它只能是天賦非凡者的作品，因為它揭示了強者及能者的兇殘，因為邪惡仍舊是作為特權者的一種方式：從黑色小說到昆西，或從《奧托蘭多城堡》（*Château d'Otrante*）到波特萊爾，犯罪文學的道德規範發生了徹底的重新書寫——實際上，這也是肯定了偉人有犯罪的權利，它甚至是那些真正偉大者的專屬特權。美妙的謀殺可不是那些搞非法行為的散工幹的。[33]

總體來說，犯罪的美學化發生了。約翰・蓋伊的《乞丐歌劇》日後被布萊希特（Bertolt Brecht）改編爲《三文錢歌劇》（*Dreigroschenoper*），劇中人物皮丘姆（Peachum）

就說過：「謀殺是人所能犯下最時髦的罪。」[34]但這種美學化仍僅限於虛構領域。德・昆西把一切都更推進一步。他的激進之處在於他把眞實也當成藝術，並將最極端的人類行為——謀殺，昇華爲至高的藝術。如此說來，藝術作品不是對謀殺的講述，而是謀殺本身，藝術家也不是描寫謀殺的作者，而是眞正的殺人兇手。德・昆西在此遠遠超越了前人，例如曾經寫過謀殺就審美而言比偷竊更高尚的席勒（Friedrich von Schiller），因爲席勒主要還是在虛構範的圍內運作。[35]毫無跡象顯示席勒會把一樁眞正的謀殺看成一件藝術作品。

德・昆西爲何把謀殺看成藝術品、把殺人兇手看成藝術家？因爲謀殺在觀看者心中產生了審美反應，而在德・昆西看來，激起這種反應的一切，本質上都是藝術——創造藝術的人也就是藝術家。正如柏克的公開處決的例子所示，眞實更大於虛構，眞正的謀殺產生的審美反應比虛構的還要強烈。因此殺人兇手就成了至高無上的藝術家。德・昆西在謀殺中取樂之處，並不在於受害者的痛苦，而在於藝術家運用他人屍體爲素材創作的景象。這也意味著，看待謀殺的這種視角不可能是受害者的，而必須是兇手自己的——或是旁觀者的。體驗崇高所需的距離由此拉開。如果人們眞的必須設法呈現受害者立場，恐懼會變得太過鋪天蓋地，使得審美體驗不可能產生。對此也可提出異議：德・昆西插入的距離太大，對受害者缺乏認同，則剝奪了對於觀看者獲得崇高體驗至關重要的恐懼。

當作曲家卡爾海因茲・史托克豪森（Karlheinz Stockhausen）宣稱，對紐約世貿中心雙塔的恐怖攻擊，是古往今來最偉大的藝術作品，他就符合了從柏克到德・昆西的傳統。柏克無疑會認爲襲擊世貿雙塔是崇高的，[36]德・昆西也會。另一方面，康德則會把這次事件排除在崇高的範圍之外。儘管維持道德與審美、善與美之間的關聯在康德看來至關重要，我們卻發現德・昆西更爲強烈地將道德與審美分離。他寫道，我們必須把道德觀拋在腦後，純粹從審美視角思考謀殺。[37]但兩者也並非截然二分。例如德・昆西就強調，謀殺被害人應該是「好人」，有家有室就更好了，因爲審美性質與道德性質成反比。[38]越界（transgression）的美學總以道德觀爲先決條件，因爲正是道德觀使得眞正的犯行成爲可能。簡言之，少了道德觀，越界美學也就沒有了對象。對犯罪的審美考量並不獨立於道德視角——而是預設了道德視角。某一特定行爲超乎道德或法律規範，乃是其審美性質的重要前提。

暴力可能產生審美愉悅，即使我們得知暴力就道德而言是可憎的。現代社會中的價值觀衝突不只在不同社會群體之間上演而已——我們或許也以同樣程度，談論參與不同價值領域（例如道德和審美領域）的個別主體內在的衝突。正如不同群體之間的衝突可以求助於中立者而化解，個別主體的內在衝突同樣也可以交由更高權威化解。

與其把恐怖片和嚇人的電腦遊戲打入美學底層（這種作法並不罕見），我反而會主張它們是崇高在當今藝術中最強烈的再現。當然，這些類型中的大多數創作都壞到極點，但任何類型中的大多數創作也是這樣，而這些類型內最好的作品，絲毫不遜於任何其他類型中最好的作品。這些類型可說是把華特・班雅明（Walter Benjamin）的主張照單全收：他說現代藝術必須經由震驚（shock）來解放體驗。[39]

我們可能被我們厭惡的事物所吸引，這是個由來已久且廣爲人知的觀點。黑格爾的門徒卡爾・羅森克蘭茨（Karl Rosenkranz）通常被認爲是「醜的美學」的發現者，他確實是有系統地開展此種美學的第一人。[40]然而必須指出，柏克明確寫過醜與崇高的概念完全相符。[41]而哲學家早在亞里斯多德就以醜爲其美學的一種核心層面：「雖然那一個對象物本身讓我們了不舒服，但是當它被詳細忠實地再現時，對其靜觀則又可喜；諸如最噁心的動物和屍體之類。」[42]在此正是實際的模仿——模擬（mimesis）本身，成為愉悅感的一個來源。亞里斯多德美學的另一個核心概念則是catharsis，這個詞通常譯為「淨化」或「淨滌」。亞里斯多德寫道，悲劇「通過哀憐和恐懼的事件，使這些情感得到適當的淨化」。[43]亞里斯多德的淨化概念究竟要如何理解，是一個備受討論的問題。人們普遍同意他所描述的淨化是發生在觀者身上，而非悲劇所描寫的人物身上；亞里斯多德在此也把它與醫學上從人類機體移除有害物的概念聯繫起來。但對於亞里斯多德在什麼樣的程度上，也試圖把淨化概念與更古老的宗教性質概念聯繫起來，亦即特定物或人接觸過或進行過干犯某些禁忌的行動之後就必須加以淨滌，就有些歧見了。對於本書主旨最重要的內容，在於亞里斯多德說過，由於觀者從舞台場景目睹了可怕的印象，他或她就受到了有益的影響。這樣的影響內容為何則並不明顯。有可能如此解讀亞里斯多德：我們可以說，我們在討論一種情感宣洩，觀者藉此擺脫若不如此就很難在社會上找到表達方式、也應該找出那種表達方式的內在緊張。另一種解讀則是說，我們在討論一種廣義的情感處理過程。要是把亞里斯多德的詩學與倫理學連讀，淨化的解讀就有可能更接近於幫助我們自身的道德發展，其目的是讓情感與理性彼此協調。亞里斯多德強調，道德教育與學習在適當時機以適當方式產生適當感受息息相關。[44]我們必須學習處理情感的方式，使得情感能讓我們對形勢作出正確設想，並促使我們按照這一認知而行動。關於恐懼，淨化的一項重要特徵會是教導我們在適當時刻以適當方式懼怕適當對象。《詩學》的文本基礎太過薄弱，難以確切理解亞里斯多德包含在這個概念中的內容，但他十分看重恐懼的審美體驗，至少這點並無爭議。德．昆西後來也銜接上亞里斯多德，如此寫道：「視為一種純藝術的謀殺之最終目的，正與悲劇相同，照亞里斯多德的說法，也就是『通過哀憐與恐懼淨化心靈』。」[45]

自相矛盾的是，我們其實有可能沉湎於那些激起恐懼感、正常來說會令我們試圖躲避的對象，並且樂在其中。[46]我們所體驗的可稱作一種代理恐懼（fear by proxy），（虛構或眞實的）另一人陷入某種駭人的情境，我們則從一段距離外參與這種恐懼。換言之，我們得到了體驗極端情境的機會，而不使自己遭遇任何眞實危險。我們因此得以接近自身情感生活中，通常不屬於日常生活一部分的那些面向。一人同時分飾兩角：某種意義上，他存在於敘事、電影或電腦遊戲中，但他同時也站在外面，並且隨時都能闔上書本或關掉電視，使自己脫離這一情境。換句話說，我們有權控制情境。

但許多人也喜歡讓自己置身於千眞萬確的危險情境之中，即使危險的形式相對受控。換言之，我們脫離了觀者的視角，並採用了參與者的視角。其中一個實例，正是所謂的極限運動。如今的一切運動形式皆與些許風險相關，但極限運動不同於其他運動，因爲與從事這類運動有關的危險，正是其吸引力的重要一環。或許看來就像是從這種活動得到的滿足，與危險程度成正比。不只受傷、實際上更有可能致死的危險，讓人對生命得到了新的覺知。同時重要的是，投身其中的人並不覺得自己完全任由環境擺布，而是覺得自己掌控了局面。社會學者兼人類學者大衛・勒・布雷頓（David Le Breton）斷言，這樣一個人踏上了一段或多或少受控的深入死地之旅，他所帶回的獎品並非實物，而是最大限度活出生命的體驗。[47] 少了危險元素，這種體驗就是無法帶來同樣的滿足。身體接觸至關重要。

我找不出任何理由不把這類活動包含在崇高美學之中。正如莫里斯・梅洛－龐蒂所揭示，我們全部的身體性（physicality）都是任何美感體驗的條件，當我們思考繪畫等藝術時亦然。[48]但身體對於極限運動活動的投入更爲強烈。儘管傳統上美感主要集中於視覺感官上，柏克卻是個重要的例外，因爲他對崇高的敘述強烈涉及了身體性。[49]柏克也將崇高與自保的想法密切聯繫起來，因此很清楚地，對他而言，美感體驗並不假定對興趣的缺乏，這是眾多現代美學的核心觀點，尤其是康德的美學；反之，崇高體驗將無可避免會與對自保的興趣密不可分。從這樣的視角看來，驅使個人沉溺於高風險活動的絕非求死的願望，反倒是不想死的願望。換言之，極限運動見證了對現實的樂觀看法。爲這種體驗帶來強度的，正是對持續生存的興趣。追求這種活動的理由，正在於其中包含的恐懼讓人們重新感受到存在於自我生命之中。

這也可以適用於人們在身不由己的處境之中，例如《鬥陣俱樂部》（*Fight Club*）的原著小說（1996）和改編電影（1999）：在街角便利店工作且已輟學的雷蒙・K・K・黑索（Raymond K. K. Hessel），看來早已放棄在人生中闖出一番事業的抱負，這時被人用槍抵著腦袋，得知自己只剩幾秒鐘可活。整件事其實是主角泰勒・德爾登（Tyler Durden）實行所謂存在主義教學法（existential pedagogy）的試探，要用死亡的恐懼帶給黑索更真實的新人生觀。德爾登把槍口從黑索頭上移開，揚長而去之後這麼想：「雷蒙・K・K・黑索，你的晚餐吃起來將會比你吃過的任何一餐都要來得美味，明天將是你這一生最美麗的一天。」[50]小說的敘事者也接受了同一套教學法，歷經一趟危險的逆向駕車和對撞之後，有人對他說：「你剛經歷一場瀕生經驗。」[51]我們可以照著約翰・洛克（John Locke）的話說，恐懼推了我們的人生一把——少了它，我們就會陷入被動。[52]

很難想像一個完全沒有恐懼的世界會特別有趣。在一個本來安全無虞的世界裡，恐懼可以打破厭煩。恐懼感可以產生振奮人心的效果。正如宗教史學者尚・德魯莫（Jean Delumeau）在他對於十三至十八世紀西方文化中恐懼與罪的詳盡論著所陳述，恐懼同時具有破壞和建設兩個面向：它可以讓你崩潰，或是開啟你與世界新的、更好的關係。[53]

5

恐懼與信任

誰把這件事組織起來？還有誰，就是我！我信任誰？我！

——東尼・蒙大拿（Tony Montana），電影《疤面煞星》（*Scarface*, 1983）

恐懼通常會導致試圖在自我與懼怕對象之間拉開距離。因此，恐懼文化可能會損害許多哲學家、神學家和社會學者視爲人類關係中一項最基本的特徵——信任。丹麥哲學家和神學家克努特・洛格斯特魯普（K. E. Løgstrup），在《倫理要求》（*The Ethical Demand*, 1956）一書中指出：

我們通常懷著自然且相互的信任與彼此相遇。這也同樣適用於我們與完全陌生之人的相遇。某人首先必須舉止可疑，我們才會不信任他。我們事先相信彼此說的

> 話；我們事先信任彼此。這或許有些怪異，卻都是身而為人所不可或缺。若不這樣表現，就是與生命作對。如果我們事先懷著不信任與彼此相遇，相信對方偷竊和說謊、假裝並試圖欺騙我們，我們就完全不能存在，生命會凋萎而有所缺陷……但展現信任包含了捨己。[1]

洛格斯特魯普認爲，信任是生而爲人的一項根本特徵，我們的生活少不了它。因此，信任不是由我們決定擁有的事物，而是在作出任何涉及獲益或損失的決定之前就已經有了。必須要有特殊情況發生，不信任才會替代信任。少了大量信任爲背景，不信任就會變得毫無意義。

我們日常涉及的幾乎每個情境，都有賴於其他人——有賴於他們不提供有毒食物給我們，有賴於他們對我們說實話，有賴於他們不會試圖唬弄我們等等。這份信任有可能被濫用，但這只是個例外而非常規。少了信任，就什麼事都不能做。想像有這麼一天，你必須計算自己可能遭遇的一切風險，並事先確定結果。這樣一來，你會幾乎沒辦法在早上跨出家門。缺乏信任顯而易見的後果，就是預設信任的行爲不會發生。

信任的典型例子是兩人之間的信任，即使我們也能信任動物、團體、社會制度等等。有可能留意到這樣的情況：早先備受信任的許多制度如今愈來愈不被信任，例如科學和公共醫療服務。幾乎每一天，都有民意調查結果發表某一專業、組織、社會制度及同類事物喪失了大眾的信任。但同樣引人注目的是各種類型的保全措施大幅增加，例如家中的警報器和安全鎖、工作場所的識別證和密碼、公共空間的監視器，以及企業和公共服務的各種控制程序。

城鎮最初是爲了保護居民免於外來危害而建立的，如今城鎮本身卻更是一種恐懼的源頭、而不是安全的源頭。城市景觀愈益受到各種不同的保全措施形塑，而你在平凡的一天之內會接觸到警衛、出入證、門口對講機、防護柵欄等等。保護人們不受「外在」威脅的圍牆，甚至搬進了家中室內，於是如今也存在著一種在家中保護我們的產業，方法是安裝警報器、安全鎖之類的裝置，以防不速之客闖入。保全裝備與服務以擔驚受怕的顧客爲前提。因此在人群中維持高度恐懼，也涉及了可觀的經濟利益——而且最好持續提高強度。消費者爲了得到更多安全保障而花錢購買這些服務，即使他們其實看來未必更安全。在此很難決定何者為因、何者為果——不安全感導致了這一切保全措施，抑或相反。最有可能這兩者有著互相強化的作用。不論是哪一種關係，整體看來，保全投資的增加並沒有帶給人們更多的安全感。家用警報系統和安全鎖確認了危險世界的意象。人們不斷追尋著更多安全保障，標準一直都在提高。終點線始終接近不了，而終點線與實際安全保障程度的落差，本身就成了不安全感的來源。恐懼和力求更有效的安全措施，造成了變本加厲的惡性循環。

對公民的監視變得更密集也更全面。我們的生活愈來愈大的部分，在看不見的監視系統中變得清晰可見。英國有四百二十萬部閉路電視攝影機，[2]每十四人就被一部攝影機監看。多數人純粹就只是極其樂意交出私生活的大半保障，以求保護自身與社會。

所有這些保全措施，唯有在普遍不信任周遭人們的背景下才能說得通。信任人類同伴意味著和他們在一起覺得安全。當社會中的信任減少，就會導致更大規模的社會解體，成為孤立且擔憂的個人。每個人對其他人都構成潛在的危害。烏爾利希・貝克如此表述過：「在風險範圍之內，存在的不是簡單的善或惡，反倒是風險更高或更低的個人。每個人對其他人都代表著更小或更大風險。」[3]

以「信任他人風險極高」為其明示或暗示「寓意」的書籍，數量持續穩定增加。安全防護專家蓋文・德・貝克（Gavin de Becker）的著作《恐懼，是保護你的天賦》（*The Gift of Fear*, 1997），在美國的書籍銷售排行榜一直名列前茅。[4] 該書封面上的推薦語宣稱「這本書能救你的命」，而它想要救人性命的方式，則是向讀者呈現應該如何應對日常生活中圍繞我們每一個人的潛在危險人物。該書依序探討職場暴力、家庭暴力和約會暴力，特別聚焦於兒童是何其易受攻擊。誠然，貝克強調我們往往懼怕錯誤的事物，但即使如此，該書所傳達的主要訊息，仍是我們若不保持戒備，那麼任何人都有可能被暴力襲擊。按照這本書的說法，我們應該警戒的對象可真不少。例如迷人（charm）就很可疑：「迷人幾乎總是一種用來操縱別人的工具……背後總包含著某種動機。迷人就是強迫，就是透過誘惑或是吸引力來施加控制。」[5] 人們也應該極度懷疑任何不請自來提供協助的人，因為那人肯定想要從你身上得到什麼回報，那卻未必是你想要給予的：「記住，真正親切的人、對你沒有半點動機的人，他不會想從你身上得到什麼，也根本不會靠近你。」[6]無數家長向子女灌輸的規矩——「不要跟陌生人說話」，如今也成了成人的行爲準則。將這樣的書籍稱爲一部系統化偏執狂研究，幾乎毫無誇大其詞之虞。

在人際關係相關的多數自助文獻中，這份不信任是反覆出現的一個特點。親密關係中交往的對象，幾乎都被認爲會對心理健康構成持續的威脅，女性受害尤甚。海芮葉・布瑞克（Harriet Braiker）之流作者的書名即已不言而喻：《致命情人和有毒的人：如何從致病的關係保護健康》（*Lethal Lovers and Poisonous People: How to Protect Your Health from Relationships That Make You Sick*, 1992）和《討好病：治療討好他人症候群》（*The Disease to Please: Curing the People-Pleasing Syndrome*, 2001）。還有蘇珊・佛沃（Susan Forward）的《男人厭女，女人卻愛他們：當愛情傷人而你卻不明就裡》（*Men Who Hate Women and the Women Who Love Them: When Loving Hurts and You Don't Know Why*, 1986）和《癡迷：心理學大師寫給在愛情中快要殉道的你》（*Obsessive Love: When It Hurts Too Much to Let Go*, 1991），也別忘了阿爾伯特・伯恩斯坦（Albert J. Bernstein）的《情感吸血鬼：和榨乾你的人打交道》（*Emotional Vampires: Dealing with People Who Drain*

You Dry, 2001）。羅賓・諾伍德（Robin Norwood）是這個文類的中一位典型的撰文者，其著作包括《掙脫愛的枷鎖：癡戀女子的康復計畫》（*Women Who Love Too Much*, 1985）、《癡戀女子書簡》（*Letters from Women Who Love Too Much*, 1988），以及《癡戀女子的日常沉思》（*Daily Meditations for Women Who Love Too Much*, 1997）。這些書籍反覆重申一個主題：最終落得依賴另一人是危險的。[7]會讓我們大多數人聯想到正常戀愛狀態的許多特徵，全都成了某種病理跡象，例如花掉大把時間想念對方，或是在關係結束時感到徹底心碎。其中的深層「寓意」是「當心！」和你建立起親密關係的人，能夠傷及你的要害，讓你在情感上殘廢。讀過幾本這類書籍之後，多數人想必或多或少會對建立任何關係的欲望永久「免疫」。

當然，信任未必都是好事——在某些情境中，信任可能是最不智的。但另一方面，也沒有什麼能比終其一生都不相信任何事和任何人來得更爲不智了。社會學者和哲學家法蘭西斯・福山（Francis Fukuyama）把信任描述爲一種「社會資本」。[8]他指出，以內部信任堅強爲特徵的社會和團體，經濟與社會成就都比內部信任低落的社會和團體大得多。情境、組織或社會愈複雜，信任就愈重要。信任可以作爲應對不測之事的一種工具而發揮功能。[9]除了社會整合層面，信任也可說是風險計算之類事物的功能性替代選項。基於信任而行動，行動也就彷彿會帶來一種能以理性預知的前途，卻又並不全然基於理性而進行預測。但選擇這種較不「理性」的步驟，卻能證明是最具理性的，因爲從事可靠的風險計算，可能會是一種資源需求極高的活動。彼此信任的人們互動所受到的阻礙，能夠少於置身不信任氛圍中的人們，後者得先有一套可觀的正式規範及契約機制準備就緒。我們可以引述福山的說法，不信任提高了人類的「交易成本」。[10]也有某些事不可預測，因此基本上是在信任與不信任（或是行動癱瘓）之間作出選擇。信任使得人類交易在欠缺可靠預測將會導致行動癱瘓的情境中仍有可能進行。

洛格斯特魯普認爲，信任正是一種人類無從推敲出更深刻基礎的原始現象（original phenomenon），他寫道：「信任因此不必被激發或被解釋，不信任則必須。」[11]我不盡然同意。在信任看似激減的恐懼文化中，就人們所能判斷的範圍而言，信任看來既需要動機，也需要正當理由。這樣的正當理由可能來自指出信任的悖論：一個人有理由對另一人表露信任，即使對方的行爲舉止尚未顯示出任何應該對他或她表露信任的跡象。此舉的理由在於，被他人表示信任的人，會心甘情願竭盡他或她所能値得這份信任。蘇黎世大學的一項行爲心理學實驗，讓學生接受其他匿名同學對他們投資一筆既定金額，而學生們可在三種交易模式中任選一種：投資無法回收與懲罰明確相關的模式、懲罰不明文規定的模式，以及毫無懲罰的模式；結果揭曉，選擇了最信賴他人的模式，也就是懲罰甚至算不上個因素的那群人，在這三個選項中回收了最多的錢。[12]信任與不信任都有成爲自我實現預言的傾向。

不信任引出更多不信任，部分原因在於它讓人孤立於反射性不信任（reflected mistrust）作爲社會智能的一種形式，而被人所習得的情境。我們往往懼怕陌生事物更甚於已知事物。這本身可能是一種跡象，說明大多數事物只要和我們熟悉起來，基本上就不特別危險。我們害怕其他「民族」的人更甚於同族人，這點也已得證。[13]既然恐懼的功能在於讓我們在一般情況下避開懼怕的對象，舉例來說，我們也會產生一種避開膚色不同之人的傾向，得知他們其實並不危險的機會從而減少。[14]恐懼所阻止的，正是能夠將它減輕的因素：人際接觸。恐懼與不信任成了自我持存（self-perpetuating）之物。

社會恐懼損害了涉及他人的自發性，因此也損害了社會關係。那麼，恐懼文化也就是信任解體的文化。在一個愈來愈被認爲危險的世界裡，很難擁有信任——你想要的反倒是保證。想要解釋信任是什麼，先從它不是什麼說起可能是個好主意。某位美國哲學家在一家全美最大的公司，向高階經理人發表了一場關於信任的演講，強調信任員工的必要。演講結束後，他得到的第一個提問是：「但我們要怎麼控制員工？」[15]這個提問流露出一種與信任不相容的心態。必須受到控制的人，正是不可能建立信任關係的對象。

一個有活力的社會以這樣一個群體爲前提，其中所有成員都認爲自己對彼此有著道德義務，也在群體中互相依賴。[16]因此格奧爾格・齊美爾（Georg Simmel）將信任描述爲「社會中一個最重要的統合力量」。[17]對個人來說，信任的功能等同於一套站得住腳、足以做爲行動基礎的假說。按照齊美爾的說法，信任包含了些許「神祕的」信心。他發現很難更貼切地定義這種元素，對它的描述包含稱之爲一種「介於知識與非知識的中間狀態」。[18]信任中存有一種對其他參與者如何行動的期待，但這種期待卻要從我們的期待基礎上縱身一躍才能產生。齊美爾說，信任不能理解成絕對的——它始終都會是可分級的，也就是說，人們始終都會對某人懷有某種程度的信任。[19]

參與刺殺希特勒的神學家迪特里希・潘霍華（Dietrich Bonhoeffer），在處決前寫下的獄中筆記裡如此解釋：

> 我們幾乎無人能免於被出賣。猶大這個令我們如此無法理解的人物，幾乎再也不是陌生人了。我們呼吸的空氣被不信任汙染至此，使我們瀕臨屈服。但當我們突破了不信任的氛圍，我們便體驗到一種先前以為不可能實現的信任。我們學會了要是擁有信任，我們就能把生命完全託付於另一人手中；我們學會了對圍繞著我們行動的一切含糊報以無限信任。我們如今得知，唯有在這樣的信任中——始終都會是賭博，卻是人所欣然接受的——人才能夠真正生活和工作。我們得知，存在於世的最可憎之事，便是播種並散布不信任，人反倒必須盡一切可能增強並推廣信任。對我們而言，信任始終都會是人類共享的存有中，最偉大、最難得也最幸福的天賦，唯有必不可少的不信任形成一片黑暗背景，它才能如此完整地出現。我們學會了無

論如何都不向惡棍投降，卻會毫無保留地向值得我們信任的人投降。[20]

潘霍華意識到，信任始終涉及縱身「一躍」，你高興的話也可以稱作信仰行爲。但他提倡的是始終以不信任爲背景的一種反射性信任（reflected trust）。如此說來，信任始終與風險相關，無論風險是否受到認知。信任有各種不同形式，而且可以依照與風險相關的程度來區分。[21]第一種信任我們可以稱作天眞的信任（naïve trust），是我們每個人與生俱來的。少了對雙親和他人的這種信任，我們就不可能長大成人。但這正是兒童的信任。隨著年齡漸長，我們學會了這份信任可能受到辜負，學會了信任可能帶來風險。我所謂愚蠢的信任（foolish trust）是一種違背更明智的認知、忽視這種風險的信任形式。這種信任的其中一例，是教派成員可能對其領袖抱持著毫不批判的態度。另一方面，應該培養的則是反射性信任，它總是與風險意識相關，也總是含有一絲不信任。反射性信任始終有限度也有條件。反射性信任唯有表現信任的人願意接受某種風險或暴露存在才有可能。當我們表現信任，我們預設的是這種暴露或弱點不會被他人利用。

正如齊美爾所強調，信任總是含有一種超理性元素，他將這種元素比作神祕信仰。假定這種超理性元素很大程度上以情感為基礎，看來是合理的。在至關重要的程度上，信任與個人對特定某人、對象、社會，或整個世界的感受有關。我們也可以說，信任表現出對現實的一種樂觀看法，因為唯有樂觀主義者，才能對他或她的人類夥伴擁有那樣的信心並表現於信任。信賴他人的個人選擇忽視某些負面設想，或至少假定它們不會發生。但在今天的風氣中，傾向卻恰好相反，忽視正面設想，而以負面設想為根據。在不信任的風氣中，人們對於可能顯示某一現象並不如自己所懼怕那樣危險的資訊，也就更聽不進去。[22]由此觀之，不信任很容易積累起來。我們可以說，不信任成了本書第二章所述那種習慣性恐懼的一部分。因此也很明顯，信任在恐懼文化中每況愈下。恐懼有著損害信任的效果，當信任減損，恐懼範圍就擴大。恐懼的增加也會是信任喪失的結果和起因。

恐懼文化不是信任文化，對於人類彼此如何產生關係也產生了重大後果。信任可以稱作一種將人類凝聚起來的「社會接合劑」。然而社會也可以被恐懼凝聚，正如下一章所見，但這個模式頗不令人嚮往。

6

恐懼的政治

恐懼。最古老的權力工具。

——福克斯・穆德探員（Fox Mulder），影集《X檔案》（*X-Files*, 1993）

阿ㄆㄧㄚˇ：「我用恐懼操控人們遵從我的要求。」

霸子：「欸，那不是跟恐怖主義沒兩樣？」

阿ㄆㄧㄚˇ：「老兄，不是跟恐怖主義沒兩樣！那就是恐怖主義！」

——《南方四賤客》（*South Park*, 2006）

恐懼可以看作是一切人類文明的基礎；它鞭策著人們生活周遭一切事物的發展，例如房屋和城鎮、工具和武器、法律和社會制度、藝術和宗教。[1]維柯

（Giambattista Vico）在《新科學》（*Scienza nuova*, 1944）一書中提出假說，認爲所有人類文明皆源自恐懼。[2]他的假說從對雷電的恐懼說起。重要的是，恐懼的起因並非他人，反倒是每個人都以同樣方式遭遇到的某一事物。人人聽到雷聲都會害怕地逃走，此時大家都能意識到自己懼怕同一件事，由此產生了共同參照點，得以成爲群體生活的起點。

在馬基維利和霍布斯的論著中，則可發現另一種不同模式。維柯強調恐懼是共有恐懼，但馬基維利和霍布斯更加看重的則是相互恐懼，個人懼怕彼此更甚於外部威脅；而個人對彼此懷抱的恐懼，反倒成了打造社會群體的一種資源。這兩位哲學家一致認爲，誰在社會中控制了恐懼，就大有可能掌控整個社會。在他們兩人的論著中，都認爲對暴力的恐懼是構成人類團結的基礎。霍布斯斷言，一切得以存續的社會，其出發點都不是人類之間的善意，反倒是人類對彼此的恐懼。[3]在馬基維利看來，爲社會興起創造出可能性的則是力量——他指的是身體的力量，即承受肢體暴力及對他人施加肢體暴力的能力。

馬基維利的政治哲學是出於最良善的目的。其基礎則是人類學的深沉悲觀，認爲人類始終都會證明自己的邪惡，除非外在必要迫使他們採取相反的行動：

正如所有討論公民生活方式的學者所指出，又如同每一部歷史所充斥的事例，任誰規劃一個共和國並制定其法律，都必須預先假定所有的人都是壞的，一有自由的機會就非得發洩精神上的惡意；惡意得以暫時維持隱蔽是由於動機隱密，沒有被識破是因為不曾見過違反常情的經驗，但時間據說是真相之父，終究會水落石出。[4]

他以此爲基本前提，接著頗爲直接地指出，組織健全的國家一定要建立在強制力和持續的暴力威脅之上；至於這個前提本身就極爲可疑，則需另當別論，在此不多談。[5]暴力的目的則應是確保社會的存續。馬基維利在《君主論》中陳述：

如果邪惡的事也可以說是妥善的話，那麼妥善運用暴力只是為了確保自己安全，而乾淨俐落使用暴力，可是下不為例，而且事後得竭盡所能尋求臣民最大的利益。濫用暴力則是指起先很少使用暴力，但隨著時間的推移，暴力不但沒有減少，反而變本加厲。[6]

濫用的暴力本身就幾乎取得了某種價值，因此會持續增強。據馬基維利的說法，這種暴力形式是壞的，因爲它並未達到暴力的功能，亦即藉由策略性的消滅政敵和程度相應的恐懼確保社會秩序。訴諸暴力濫用的統治者散播了過多恐懼，從而動搖自己的政權：「他無法信賴自己的臣民，他們也因為他不斷使用暴力而失去安全感。」[7]這樣的統治者不會眞正控制得了恐懼的人，反倒會落得「杯弓蛇影」，而正如上文所述，控制國家的基礎在於控制恐懼。[8]馬基維利強調，君主「必要的時候，他應該知道如何爲非作歹」，但君主也一定要「和民眾維持友好的關係」。[9]他也寫道「君主都希望人家說他仁慈，不會希望人家說他殘忍」。[10]照這樣看來，我似乎把馬基維利描述得太美好了些，那麼讓我再次強調，確保君主權力、從而確保社會秩序，終究有賴於恐懼。即使君王受愛戴當然是好事，但受畏懼對他來說卻更加重要，因爲恐懼比愛更加深入人心：「愛被認為是靠道義的束縛在維繫，既然人性本惡，只要有利於自己就會一刀兩斷。畏懼卻不一樣，是靠害怕遭受懲罰的心理在維繫，那種心理不會消失。」[11]

正如一世紀後霍布斯的表述，恐懼是政治中必須顧及的激情。[12]霍布斯認爲國家建立在對死亡的恐懼之上，更準確地說，國家的基礎是懼怕死於非命。[13]霍布斯以人們生活不受法律約束的自然狀態（natural state）概念爲出發點。自然狀態純屬虛構，目的在於嚇唬人們。按照霍布斯的說法，這種狀態可稱作「人各爲己」。自然狀態就是戰爭狀態，戰爭的理由則在於人性本身：求自保、求利、求名譽的爭鬥，自然會使得人們互相衝突。[14]誠然，霍布斯認爲人類有能力憐憫，但這種感受太過微弱，不足以防止持續的衝突。關鍵不在於人們實際上眞的不斷彼此爭鬥，而是衝突隨時會爆發的可能性。[15]

人們的意圖始終都是保護自身財產、奪取他人財產和獲取名譽。自然狀態理論的用意並非敘述任何眞實社會，而是一個模型，說明要是沒有政府形式約束的話，人們會如何對待彼此。在自然狀態中，人們沒有權利，這大大脫離了自古主導政治理論的自然權利概念。霍布斯的自然狀態中只有一種權利——使用一切手段滿足所欲的權利。自然狀態的唯一自然法則就是恃強凌弱。

自然狀態並不是適合生存的狀態。就連最強者都必須時刻保持戒備，因爲眾多弱者可以聯合起來比他更強大。另一人是敵是友不得而知——因此爲求安全，必須把其他所有人都當成潛在的敵人，而自己也會受到同樣對待。於是人的一生「孤獨、貧困、卑賤、殘忍且短命」。[16]恐懼變得無所不包，從而損害了每個人在一生中實現正向遠見的能力——人生到頭來不過是在團結防衛從四面八方迫近的危害。這是人所能生活最壞的世界。恐懼則藉由任命擁有主權的統治者而獲致一套不同秩序，爲人生中的正向目標開闢出空間，而不只是逃避痛苦的死亡。因此人們選擇放棄與生俱來的自由以換取安全保障，每個人都藉由訂定社會契約而如此爲之。但我們也都知道任何人的承諾是多麼不具價值，因此必須要有最高權力得以強制施行契約。這樣的最高權力藉由社會每一個成員各自取消自決的權利，並集中於主權者一人之手，令他擁有無限權力而達成。他對臣民並無義務，但臣民承諾遵從他的意旨。他唯一不能索取的是臣民的性命，因爲他首先就受命要保護臣民的安全。主權者制訂的一切律令都被看作神的法律，但神的法律內容爲何、國家奉行的宗教爲何，都要由主權者決定。

霍布斯描述的自然狀態是欠缺信任的。人類彼此之間的關係反倒是徹底不信任。他們並未被任何如同我在上一章所描述的信任那樣的「社會接合劑」所凝聚，因此完全只能自謀生路。當統治者獲得任命，信任關係至少在一人身上建立起來，因爲人們必須假定統治者會行使自己分配到的權力。人們也得以藉此對人類同儕獲得間接的信任，因爲他們也必須被假定自己的行事方式不致激怒統治者而惹禍上身。但這樣一種間接信任，卻完全不同於洛格斯特魯普等人所描述的與生俱來之原初信任。這是一種以恐懼爲基礎的反常信任。

恐懼可以是維持社會秩序的一件有效工具。霍布斯強調，最不易使人違法犯紀的情感莫過於恐懼。[17]他也寫道，恐懼使得人們更有可能和平共處。[18]國家威脅施加的懲罰，更重於奪取他人生命財產可能獲得的利益，對這種懲罰的恐懼，則確保公民得以井然有序地和平共存。這樣的共存可能「井然有序」，但它能稱作自由社會嗎？康德將恐懼和尊重法律兩者作爲我們行動的根本決定因素區分開來，並斷言尊重更爲可取，理由正在於尊重並不剝奪我們的自由。[19]反之，霍布斯則堅稱，出於恐懼而行動能與自由行動完全相容，[20]但可以主張這是一種「馴化」形式的自由。可以這麼說，霍布斯指出人們會選擇用一種恐懼交換另一種。你用懼怕主權統治者取代懼怕萬事萬物，用有限的恐懼取代全面的恐懼。在霍布斯看來，國家的任務是確保人民懼怕「正確」的對象。換言之，恐懼並非文明社會的一種異質元素，反倒是文明社會得以獲致任何發展的一項必要前提。即使如上文所述，霍布斯承認人類有相當程度的憐憫能力，實際上成為道德眞正基礎的仍是恐懼。關鍵在於，國家要設法以適當方式引導恐懼。國家必須說服人民，某些事物理應比其他事物更被懼怕，因爲人民不會輕易地懼怕在國家看來應該懼怕的對象。霍布斯指出，國家可能必須進行相當程度的搬演，放大某些現象，同時縮小其他現象。

馬基維利對於君主運用恐懼治國的能力信心十足，而恐懼源自君主對臣民施暴的能力。霍布斯對於主權統治者光靠恐懼就能治國的能力，就沒有同樣的信心。[21]在霍布斯看來，臣民也必須表示他們願意順服，因爲他們相信順服更有利於自己。因此政治恐懼不只是由上而下施加於公民而已。它反倒是一個集體的過程，由心甘情願的個人以及教會等社會機構參與其中。個人會彼此監控，並互相警告違反社會秩序的後果。專制統治（這正是霍布斯所提倡的）要是少了所有公民都察覺其他公民在監控自己，並且可能向國家舉報，就幾乎不可能存在。[22]

另一方面，孟德斯鳩（Montesquieu）在《論法的精神》（*De l'esprit des lois*, 1748）中，則把暴君的恐懼描述成最嚴重的問題。儘管霍布斯認爲，統治者的恐懼有助於公民利益，孟德斯鳩卻認爲統治者的恐懼純屬暴君反常權力欲的結果。因此，權力分立原則和建立自由秩序的最重要理由，正是懼怕暴君的恐怖行徑。孟德斯鳩的政治哲學也是由恐懼所驅動，但其性質不同於霍布斯。至於托克維爾（Alexis de Tocqueville）則聚焦於另一種形式的專制恐怖的可能性，此處的專制者不是絕對統治者，而是一群緊密團結的大多數人，基於傳統權威廢弛所導致的恐懼而破壞自由秩序。[23]托克維爾著書之時正是法國大革命過後、歐洲舊制度開始瓦解之際。在這樣的形勢之中，人們較不害怕失去生命本身（霍布斯建立其哲學的基礎所在），而是更害怕失去傳統眞理、道德價值觀的絕對性質等等。可以說，他們害怕的是現代性本身作爲一種狀態，令他們覺得自身受到危害。他們害怕未來，爲了補救這種懼怕，托克維爾確信他們會創造出一個高壓政府，藉以創造秩序並重建不變的規範。

所有政府在此都暗藏著一種危險：政府依從於其公民的恐懼。對某一現象的恐懼增長之時，當局便持續著戒備著。如此戒備的理由在於，這種恐懼也會動搖國家的正當性，因爲國家的正當性完全基於國家保護公民的能力。而保護不僅適用於國家防止公民遭受其他公民、他國軍力或恐怖分子施暴的能力，也適用於讓公民免於疾病及構成健康風險之各種現象的能力。如果國家看來不能帶給公民這份保障，就有可能導致國本動搖。因此國家必須表明自己正在對抗引起這種恐懼的因素。問題在於，此舉可能造成恐懼升高，因爲國家必須透過提及產生恐懼的那種危險，才能將其舉動正當化。爲了支撐國家的正當性，這些危險往往會被過分誇大。

恐懼作爲政治理論的一項基礎，再次取得了崇高的地位。歷史學者和新聞記者葉禮廷（Michael Ignatieff）主張：「二十世紀的人類普遍性（human universality）立基於恐懼更甚於希望，立基於懼怕人類的作惡能力，更甚於對人類行善能力的樂觀，立基於人類殘害同類的景象，更甚於人類締造自身歷史的遠見。」[24] 哲學家茱迪絲・施克萊（Judith Shklar）倡導她所謂「恐懼的自由主義」（liberalism of fear），此一立場並不設定一個人人都應該努力達成的積極目標，反倒設定一個人人都同意應該試圖避免的消極展望。她感受到在一個破碎時代裡，我們都能同意恐怖、殘忍和苦難應該避免。[25]恐懼可以產生一種凝聚效果——它可以重建一種看似失落於個人主義時代的群體感。在施克萊看來，系統性的恐懼使得政治自由有了可能。在此必須指出，施克萊書寫的那種恐懼，不只是爲了個人幸福而懼怕，也是爲了公民同胞的幸福而懼怕。

恐懼成了群體的一種資源。因此維持恐懼看來是群體持久存續的一項先決條件。奈沙馬蘭（M. Night Shyamalan）導演的電影《陰森林》（*The Village*, 2004）生動地說明了這點。某個村莊的居民生活如同十九世紀的美國殖民者，這個村莊作爲一個封閉單位而運行，森林中有駭人的怪物，可怕得讓村民們不願離開村莊。電影接近結尾，我們才看到這些村民並非生活在十九世紀，而是我們這時代的人，他們全都是現代都市主義暴力犯罪的受害者。他們遠離社會上的其他人自成社會，而他們的社會有著爲數眾多的各種規則。這些規則基於一套有意識去建構的道德，而不是基於舊習俗或自然權利——它純屬人爲構造。觀眾也得知，森林中的駭人怪物只是假象，是「長老們」爲了讓年輕人留在村中而創造的。「外面」有可怕事物的想法，讓他們的社會作爲一個單位而團結一致。順帶一提，以下觀點受到紮實的經驗證據所支持：對自身終有一死的提醒，促進了民族主義和其他形式的群體認同。[26]因此對恐懼的恐懼有著整合群體的效果，但同時也可能促成對其他群體的憎惡。

很難不把奈沙馬蘭的電影，解讀成對於當代美國社會和政治的評價。其要旨在於個人必須服從村莊的規則，因爲唯有這些規則能夠保證居民安全。但這些規則也是孤立主義的。美國作家拉爾夫・沃爾多・愛默生（Ralph Waldo Emerson）針對從外部威脅國民的惡示警，主張國家必須自視爲美德之源且特立獨行，才能在這個世界上獲得成功。[27]這種思想可被認爲是美國政治的一種典型。[28]《陰森林》呈現出「外在」恐懼的養成具有壓抑功能。恐懼誠然讓村莊安全無虞，得以作爲一個緊密單位而維持下去，但這份安全保障的代價卻是個人自由遭受重大限制，人生在長期恐懼中度過。

對於當今世界政治情勢經常被呈現的「現實主義」觀點，或許更該被稱爲一種

「小報現實主義」（tabloid realism）。[29]其呈現形式類似於八卦小報，煽情地講述國際政治。這樣的呈現彷彿由一種激起最大限度恐懼的願望所指導，變出一幅幅暴力無序的景象，若不堅決採取政治措施就會摧毀整個文明。這種論述早在二〇〇一年九一一事件之前很久就已經開始。薩繆爾・杭亭頓（Samuel Huntington）的《文明衝突與世界秩序的重建》（*The Clash of Civilizations*, 1996）可說是這個文類中讀者最多的一部著作，該書斷言西方和其他文明很有可能會發生一場大戰。[30]即使杭亭頓書寫的只是「一種潛在威脅」，他的用字遣詞意在挑起恐懼卻是無庸置疑的。其他例子還有茲比格涅夫・布里辛斯基（Zbigniew Brzezinski）和羅伯・卡普蘭（Robert D. Kaplan）的文章及著作。[31]這些書籍全都成了暢銷書，並且促成一套獨特的世界觀傳播開來：西方（尤其美國）遭受外來威脅；全球化和去疆域化損害了美國安全與主權，則是其中反覆論及的主題。九一一發生的事件，因而也就被當成證實了這些分析正確無疑。這些威脅所引起的問題，繼而也就以更加重視安全與秩序為解答，安全與秩序便成了國內和外交政策最重要的關注所在。

恐懼被運用為一種社會控制的工具。在公民之中引發恐懼的，不只是恐怖分子存在於未具體說明的某處，還有恐怖分子危險程度的公開資訊。這些資訊接著又用來爲旨在確保同一群公民安全的各種不同措施辯護。政治恐懼並不憑空產生，而是被人爲創造並且維持的，其功能在於促進各種不同政治作爲。政治及經濟性質的強大利益，大幅膨脹了恐怖行動的危險。[32]在美國，政府獲得經費對抗恐怖主義，其中一個根據在於國內恐怖攻擊目標的數量。由此當然產生了盡可能呈報最多目標的誘因，以求爭取更多經費。結果變得荒誕不經。全美各地據官方統計，共有七萬七千〇六十九個潛在恐怖攻擊目標——奇怪的是，印第安納州的恐怖攻擊目標數量比紐約多出一半，而且是加州的兩倍。[33]目標清單包括一家由阿米許教派（Amish）經營、員工五人的工廠，甜水樂器（Sweetwater）的一個跳蚤市場，還有冰淇淋店、甜甜圈店等。當然，每個地點原則上都有可能成爲恐怖分子的目標，但上述任一地點引來恐怖攻擊的可能性，充其量只能說不大。美國司法部的內部評論也揭露，多年來的反恐統計數據包含大量誤報，就連走私毒品、非法移民和婚內犯罪等事件也被歸類爲與恐怖分子相關。[34]但這些誤導性的數字卻仍被發表出來，並作爲指標用來說明恐怖分子威脅美國的程度。這些數字也被運用爲預算案的基礎。

政治收益可能也會很大。小布希總統（George W. Bush）一再宣稱，「反恐戰爭」不同於美國歷史上打過的每一場戰爭，可預見的未來都要進行下去。有鑑於這樣一個外在威脅，強大的國家成了唯一可行的答案。在此可以想見，小布希政府聽從了馬基維利的忠告：「明白事理的君主應該設法讓他的人民覺得隨時隨地都需要他領導的政權，這一來他們就會永遠效忠於他。」[35]在馬基維利看來，沒有什麼方法比散播恐懼更加有效。小布希政府對恐怖行動的警告與政府的民意支持度之間，呈現出明確的正相關。[36]這樣的支持不僅在安全政策領域內顯而易見，也擴散到經濟政策等其他領域。恐怖威脅的宣告帶來了確切且立即的收益。二〇〇四年總統選戰期間，共和黨的一支電視廣告呈現出黑暗的森林裡有一群狼，旁白則說：「弱點會引來那些等著傷害美國的人。」由此傳遞的訊息是外面有「一群狼」，表現爲恐怖分子的形式，要是布希未能當選，他們就會試圖傷害美國。

小布希在二〇〇三年一月二十八日的國情咨文演說中宣稱：「權力與支配的意識型態，本世紀又再次顯現，並試圖獲取極致的恐怖武器。再一次，我國和所有友邦是挺立於和平世界與不斷擔驚受怕的混亂世界之間僅有的屏障。」[37]他請求聽眾想像，九一一事件十九名劫機者配備著薩達姆・海珊（Saddam Hussein）軍火庫裡的武器，並斷言這樣的組合將會凌駕於美國所見識過的一切恐怖。經由或多或少有系統的假消息散播，美國大多數民眾實際上確信九一一事件由伊拉克幕後主使。二〇〇三年一月和二月的調查顯示，百分之七十二的受訪者相信海珊本人涉及這次的攻擊，百分之四十四相信「多數」或「部分」劫機者是伊拉克公民。[38]這很引人注目，因爲攻擊發生過後不久的調查，幾乎沒人提到伊拉克。隨後一段時間，海珊是美國遭受恐怖主義威脅之罪魁禍首的形象被創造出來，這種形象也用來讓美國民眾認可伊拉克戰爭的正當性。而這一形象被證明了出奇地極難修正：二〇〇六年七月，仍有百分之六十四的美國人相信海珊曾與基地組織（Al-Qaeda）「關係密切」，而百分之五十則確信海珊擁有過大規模毀滅性武器。[39]但情勢看來在轉變：二〇〇七年二月的一項調查中，百分之六十三受訪的美國人表示，關於威脅受到呈現的性質，他們不再信任出自小布希政府的資訊可信度。[40]

我無意多加討論美國近年來戰爭的正當性問題。依我之見，入侵阿富汗是正當的。[41]反之，入侵伊拉克從多數標準來衡量都是錯誤，即使並無理由為了薩達姆．海珊搒台而惋惜。入侵伊拉克的官方正當理由，最重要的部分在於海珊擁有核子武器。但略顯蹊蹺的是，「邪惡軸心」中唯一遭受入侵的國家，其實正是唯一沒有核武計畫的國家——即使其他國家顯然都有。核子武器可能擴散到新的國家是一項眞實的危險，就我們所能判斷，此一危險遠遠比恐怖組織取得核武的可能性大得多，但從這樣的視角看來，伊拉克是個非常怪異的目標。這場戰爭受到謊言的辯護，違反了國際法，不僅造成伊拉克人民的重大傷亡，更成為激進伊斯蘭運動吸收人數多得前所未見的一個最重要理由。「反恐戰爭」迄今為止，讓這個世界變得更不安全，美國自己的情報機構報告都證實了這點。[42]國防部長唐納．倫斯斐（Donald Rumsfeld）說明，當美國人能夠再次感到安全，反恐戰爭就能大功告成——如果是那樣，那就彷彿是在進行一場打不贏的戰爭。

把「反恐戰鬥」理解為對抗恐懼的戰鬥，明顯的一個問題在於，藉著執意於我們所有人都置身其中的危險，它無疑增加了恐懼。《國家打擊恐怖主義戰略》（*National Strategy for Combating Terrorism*, 2003）將恐怖主義描述為一種「意圖危害並摧毀我們的基本自由與生活方式之惡」。[43]它「威脅的正是文明社會的概念本身」。[44]美國被認為是保障世界秩序與和平的強權——因此針對美國的任何威脅，都是在威脅全世界。因此，美國防衛恐怖主義的一切行動，都會被以下這套論證正當化：我們所知的世界若要能夠繼續存在，這些行動就是必要的。它被描述成了自由與恐懼的戰鬥，美國代表自由，恐怖主義則是恐懼。[45]恐懼的代表遍布全世界，因此在對抗恐懼的戰鬥中，自由的代表也必須相應地遍及全球。全世界都落入美國司法管轄之下，任何恐怖行動不論發生在何處，都成了對美國乃至整個世界和平的威脅。這些威脅只要有可能發生，就被認為構成充分理由。小布希總統在西點軍校的演說中表示：「若要等待威脅完全實現，我們就會等得太久。」[46]換言之，他運用的是「不怕一萬，只怕萬一」原則，一如在許多其他領域的作為。他在此甚至得到葉禮廷這樣的思想家支持，葉禮廷主張，我們現在若不指認、追蹤並消滅恐怖分子，他們恐怕就會變得極其危險，最終還會取得大規模毀滅性武器。[47]

但美國的反恐戰鬥卻包含了一個悖論。美國一方面自命為和平與自由價值持續存在的保證，另一方面，在保衛這些價值的戰鬥中，該國自身的行為卻又豁免於這些價值。概念在於恐怖分子身爲施暴之人，藉由其行動而自居於道德秩序之外，那麼也必須允許捍衛秩序的人本身採取相同行動——只要美國仍受到恐怖主義威脅，原則上它就因此不受其一開始力圖捍衛的規範所約束。這令人想起了霍布斯筆下的主權者。[48]按照霍布斯的說法，全體公民都受到一份契約約束，該契約賦予主權者無限權力，以其認爲適宜的方式治理國家。這份社會契約對全體公民都具有絕對約束力，但主權者本人卻不受他承諾保障的這份契約所約束。同理，美國也被認爲是文明世界的保障者，作爲有能力維持道德秩序的國家，卻又置身於這套秩序之外。正如霍布斯主權者的臣民幾乎不能抱怨其所作所爲，人們也同樣無法抱怨美國採取該國以爲「必要」的行動與「自由之敵」作戰。

烏爾利希・貝克指出，正是新自由主義的反命題本身——國家無所不在的霍布斯式原則，顯現爲一種安全保障。[49]很大程度上可以斷言，小布希政府不動聲色地遵從了德國法學家和哲學家卡爾・施密特（Carl Schmitt）的觀點，認爲自由主義在危機時刻提不出解決之道。此時需要的是強大的國家。施密特主張：「每個宗教性、道德性、經濟性、種族性或其他的衝突，只要強烈到可以有效地依據友敵而群體化，即會轉變成政治衝突。」[50]施密特由此擷取出驚心動魄的後果。在他看來，政治本身就是由敵友劃分所定義。政治行動即在於維持自身生存，並摧毀危及自身生存的他人，幾乎不存在經由討論克服衝突的空間。這樣的政治行動是國家獨享的權利，爲了維持自身存續，國家也必須消滅內部敵人，也就是與同質的統一體格格不入的所有人。施密特指出，任何眞正的政治理論都必須假定人是邪惡的、人是危險的存在。國家正是在這裡，在人類可能如何對待彼此的恐懼之中，得到了自身存在的正當理由——國家保護個人的能力，正是順服於國家的理由所在。施密特會說，恐怖主義的威脅讓國家意識到了自身的眞正存有。但施密特會認爲後續的發展令人擔憂，因爲要求國家對抗恐怖主義時亦需與其他人遵守相同規範的壓力愈來愈大，最高法院處分作出結論：反恐戰爭中的囚犯也要受到《日內瓦公約》保護，並且會保障他們得到更多法定權利。爲了因應這項挑戰，英國國防大臣約翰・里德（John Reid）二〇〇六年四月在皇家三軍聯合國防研究院（Royal United Services Institute）發表了引人注目的演說，他主張能夠運用大規模毀滅性武器的恐怖分子，構成的威脅太過嚴重，因此不能再繼續遵循《日內瓦公約》明訂的規範。

軍方作戰對付恐怖主義的成功案例，在南美洲和拉丁美洲尤其顯著。問題在於，這些案例所運用的手段，卻是自由民主政體完全不能接受的。

我們已經看到了自由權利在通常自詡為個人自由之眞正化身的國家（也就是美國）嚴重受限。我們在美國內外都看到了人們顯然遭到任意逮捕的許多事例，尤以穆斯林爲甚，其中多數案例伴隨的是任意監禁。基本的法定權利原則徹底遭到漠視。但反恐政策影響所及又不限於穆斯林，它也造成其他美國公民的自由受到嚴重侵犯。[51]國家安全理由被用來禁止公共行政部門和機場、港口員工籌組工會。其中一個最嚴重的侵犯，則是國家安全局（National Security Agency, NSA）未取得任何法院指令即全面實施電話監聽。爲數眾多的美國公民在一份問卷中表示，他們認爲強加於自身公民權利的限制完全正當。恐怖主義威脅被認爲太過嚴重，使得公民權利損失變得不甚重要。

對公民權利受到如此侵犯發出批評的人，其中得到的一個回應是美國司法部長約翰・艾許克羅（John Ashcroft）的這段發言。「對於揮舞著喪失自由的鬼魂，嚇唬愛好和平人民的那些人，我的訊息如下，」他說：「你們的手法只會幫助恐怖分子，因爲這些手法破壞我國團結、減弱我們的決心。它們向美國的敵人輸送彈藥，讓美國的朋友卻步。它們鼓勵心懷善意的人們在邪惡面前保持沉默。」小布希總統被當面質問電話監聽的非法計畫時，他的答覆則是：「我們對這項計畫的談論本身就是在幫助敵人。」[52]批評幾乎變得等同於抱持「不愛國」的態度，民主政體正常運行的其中幾項最重要前提也遭到破壞。[53]爲了抗衡小布希政府的言論，人們不禁要引述一位開國元勳班傑明・富蘭克林（Benjamin Franklin）的名言：「那些寧願放棄基本自由以求一時安全的人，既不該享有自由，也不該得到安全。」[54]

那麼，公民權利遭受如此劇烈侵犯的正當理由又是什麼？簡言之，何謂恐怖主義？這個問題沒那麼容易解答，因爲「恐怖主義」並沒有一個國際普遍公認的定義。近年來，「恐怖主義」這概念運用得如此廣泛，彷彿涵蓋了從古至今存在過的大多數武裝反抗運動——甚至還有更多。這個字實際上被用來描述一切訴諸暴力、不被國家認可的政治行爲。根據這種定義舉例來說，連喬治・華盛頓（George Washington）都會在抗英戰鬥中成了恐怖分子。而當國家也會被標籤爲恐怖主義國家，整個問題就變得更加複雜了，如同小布希政府指控海珊統治的伊拉克對該國人民犯下「恐怖行徑」。恐怖這一概念的這種用法並非新鮮事，它其實是最古老的用法，可回溯到羅伯斯比（Maximilien Robersspierre）的「恐怖」，但這意味著此一概念的用法廣泛到無法提供任何資訊。因此需要更明確的判準。

恐怖概念的研究者露易絲・理查遜（Louise Richardson），列出某一行動可被歸類爲「恐怖主義」的七項判準：

(1)行動受到政治理由驅動。
(2)行動涉及暴力或暴力威脅。
(3)行動目的不在於擊敗敵人，而在於傳達訊息。
(4)行動及其目標（受害者）往往具有象徵意涵。
(5)行動並非由國家實行，而是由層級更低的團體實行。
(6)行動的受害者與目標群體並不完全相同。
(7)行動有意針對平民加以傷害。[55]

其中幾項判準是有問題的。比方說，個別國家已如此深入涉及恐怖行動，使得判準五顯得不合理。判準七也可受質疑，因爲它排除了攻擊軍方目標可被視爲恐怖行動的可能性（那樣一來，此種案例必定要被歸類爲游擊隊的進攻）。[56]在此且讓我們聚焦於恐怖行動必須與暴力相關，其首要目的爲散播恐懼這一概念。它是針對大眾的暴力，首先並非針對行動直接影響的對象。恐怖主義能以極其有限的手段發揮如此重大效果的「奧祕」，其中一項關鍵正在於攻擊對象明顯是隨機的。隨機的暴力比針對、挑選特定受害者的暴力更爲駭人：要是沒有哪個特定的人被選爲目標，也就沒有人能夠感到安全。藉由或多或少的隨機攻擊，恐懼得以盡可能在最多公民心中產生，即使仍以具有重大象徵意義的目標爲佳。

個人、團體或行動可能會在多大程度上被歸類爲「恐怖主義」，問題在於運用的手段，以及這些手段期望達成的目的。典型的恐怖分子完全確信他或她有著正當目的，因此就成了我先前所謂「理想主義之惡」（idealistic evil）的典型例證。[57]行動者也有可能目的正當，卻仍是恐怖分子。如今很少有人覺得納爾遜・曼德拉（Nelson Mandela）是恐怖分子，但在很長一段時間裡，西方多數國家的政府當局都認爲他是恐怖分子。就連國際特赦組織（Amnesty International）也有很長一段時間拒絕承認曼德拉是良心犯，因爲他使用暴力被判有罪。根據近年來西方多數國家所採用這套「恐怖主義」的廣泛定義，曼德拉入獄前的活動顯然符合了這一定義。即使曼德拉同時主張暴力手段可能是政治變革所必要的，卻仍不足以推翻以下定論：曼德拉無疑喜好非暴力手段更甚於暴力手段。曼德拉始終堅持暴力手段有其必要的觀點，即使在一九九〇年二月十一日獲釋後的演說中，他仍表示非洲民族議會（ANC）的武裝鬥爭尚未結束，促使非洲民族議會必須在一九六〇年成立武裝部隊的各項因素仍然存在。前恐怖分子日後獲頒諾貝爾和平獎的另一個例子，則是以色列前總理梅納罕・比金（Menachem Begin），他在一九七八年與埃及總統安瓦爾・沙達特（Anwar Sadat）共同獲獎。

我無意在此詳加討論哪種政治暴力正當，哪種又不正當的問題，[58]因爲我更有興趣的是恐懼作爲政治工具所發揮的作用。對抗恐懼起因的鬥爭，本身就成了製造恐懼的源頭。要是當局不斷強調（且誇大）公民所遭遇的恐怖行動之危險程度，其實也有可能說，國家同樣在恐嚇公民。[59]恐怖分子與當局之間出現一種共生關係，因爲雙方即使水火不容，卻都造成了同一個結果：活在恐懼中的人民。雙方也都在政治上利用這種恐懼。我們政治自由的重要一環，正是我們得以生活而無需懼怕太多。助長恐懼的政府（例如製造出人人都有遭受恐怖攻擊之虞的誇張印象）因此也就限縮了公民的自由。自由民主的核心概念正是尊重個人自主，而恐懼傷害了這份自主權。

聲稱國家誇大恐怖行動的威脅是合理的嗎？只要冷靜查看一下恐怖攻擊眞正影響到的人數有多少，看來無疑就是如此。一九九九年，全球共有兩百三十三人被恐怖分子殺害，其中五名受害者是美國人。二〇〇〇年的全球遇害人數爲四百〇五人，其中十九人是美國人。[60]由此觀之，二〇〇一年的人數遽增，九一一事件把規模推到了極致。其中遇害的人數是先前任何一次恐怖攻擊的將近十倍，因此把這次攻擊當成恐怖主義的典型範例就很有問題。多數恐怖攻擊不會殺害這麼多人命。一九九五年三月，東京地下鐵遭受毒氣攻擊，當時使用了地球上毒性最強的一種物質——沙林毒氣，造成十二人死亡。二〇〇四年三月對馬德里地鐵的大規模攻擊殺死一百九十一人，而二〇〇五年七月七日和二十一日在倫敦的攻擊，則總共造成五十六人死亡，包括四名自殺炸彈客在內。相較於其他大多數死因，恐怖攻擊理當不是我們最該擔憂的。

二〇〇一年一整年間，約有三千名北美洲人被恐怖分子殺害，不論此事有多麼可怕，我們也應該應該記得，同一年內有七十萬北美洲人死於心臟相關疾病，五十五萬人死於癌症。另一個可能的對照組：二〇〇一年被酒駕撞死的美國人，是恐怖分子殺害人數的六倍。如果再把過去數十年來各種恐怖攻擊的死亡人數相加起來，總數其實並不那麼高。人們自然應該應該希望這些人命不曾損失，但此處的重點在於，遇害於恐怖攻擊的機率太小，非得特別倒楣才能成爲受害者。即使恐怖攻擊的危險絕不能低估，仍必須試著盡可能合理地描述這種危險的規模。基於這樣一種「合理的描述」，很難認爲「反恐戰爭」的比例合情合理。

恐怖主義顯然必須加以制止，但依我之見同樣明顯的是，對抗恐怖主義的必要性並不足以將漠視基本權利這件事合理化。我們必須能夠要求「反恐戰爭」尊重它自稱正在保護的價值與制度。我們也應該記得，九一一恐怖分子的主要目的，並非對西方施加實質傷害，而是要施加心理傷害。高度象徵性建築的實質傷害（以及將近三千人喪生），不過是將恐懼灌輸到西方的一種手段。因此，他們取得了莫大的成就。而他們可以把這份成就的很大部分歸功於西方政府當局和媒體，因爲誇大恐怖攻擊的危險，使得恐懼達到了恐怖分子自身絕不可能實現的比例。

藉著運用恐懼將自身正當化、並確保公民服從的國家，基本上並不是在創造民主，因爲恐懼策略損害了民主核心所在的自由。正因「反恐戰爭」藉由恐懼而取得正當性，人們可以說它對民主的威脅更大於恐怖主義本身。正如哲學家麥可・瓦爾澤（Michael Walzer）所指出，恐懼的自由主義預設了希望的自由主義（liberalism of hope），其理由在於我們所懼怕的正是我們積極地珍視的一切。[61]自由與正義在我們政治思想中的作用，必須認爲比恐懼更爲根本。那樣一來，大部分的「反恐戰爭」就會顯得可疑，因爲它如此強烈地以恐懼爲基礎，且漠視自由與正義。它不僅導致公民的權利產生具體變化，也助長了恐懼風氣，而這種風氣本身就損害了我們的自由。對抗恐懼起因的戰鬥本身就導致了恐懼。我們的政治自由至關重要的一環，正在於無需懼怕太多就能安然度日。

7

超越恐懼

恐懼是迷信的最主要來源，也是殘酷的一個主要來源。征服恐懼是智慧的起點，在追求真理與努力遵循體面生活方式中皆然。

——伯特蘭・羅素（Bertrand Russell），《知識垃圾概述》（*An Outline of Intellectual Rubbish*）

精神分析學者亞當・菲立普（Adam Phillips）說過一個笑話：一位穆拉站在倫敦的家門外撒玉米粒。[1]有個英國人走上前，問他爲何如此。穆拉回答：「要把老虎趕走。」英國人反駁說這裡沒有老虎。穆拉說：「那就表示這麼做有效。」

某種已知的不幸沒有打倒我們這件事本身，不保證我們其實能以理智的態度看待它。實際上，恐懼極少讓我們對那種恐懼的對象有所認識。個人或社會採取某些行動，自我保護免於某一恐懼這件事，對那種恐懼的性質透露甚少。我們的恐懼所透露的訊息，反映出關於我們自己多過我們懼怕的對象。我們懼怕某一事物未必意味著我們應該怕它。但當局往往只因為某一事物受到懼怕，就採取經常損害我們自由的措施去應對，結果卻未必能讓我們更安全。[2]某人懼怕某一風險這件事本身，並不是當局試圖減少這種風險的充分理由。如果那種風險無關緊要，當局就應該自制，並向當事人確切告知此事。同樣地，若存在嚴重的風險，即使大多數人可能毫不擔憂，當局也應該介入。

大量令人懼怕的事物始終都在。二戰後直到一九八九年，威脅來自共產主義。環境生態危害隨後取代了共產主義，近年來則是恐怖主義攫取了媒體頭條。恐懼的對象在變，但「我們能夠生活在沒有恐懼的世界」這種信念卻是錯覺。然而我們應該明白，我們的恐懼並非真實的客觀反映，而恐懼的走向受到強大的利益掌控。恐懼是現存最重要的一個權力因素，能在某一社會中掌控其走向的人，就對該社會握有大權。我們或許可以套用哲學家喬治・阿岡本（Giorgio Agamben）的說法：我們如今生活在一種永久緊急狀態（permanent state of emergency），提及嚴重危險幾乎就能發揮王牌的效用——而這張王牌壓倒了公認的民主權利。[3]

關於恐懼最常被引述的一段話，或許出自羅斯福總統（Franklin D. Roosevelt）一九三三年的演說，當時正是經濟大蕭條最嚴重的時刻：「我們唯一值得恐懼的，就是恐懼本身。」這是一句眞話，因爲國家當時顯然正陷入深不見底的危機。因此他這個說法即使並非完全獨創也必須諒解，這句話的不同版本可以在蒙田、梭羅等人的言論中讀到。無論如何，這句話的觀點是好的。我們應該懼怕恐懼，因爲它損害了我們生命中太多眞正重要的事物。

不難同意獲頒諾貝爾文學獎的作家渥雷・索因卡（Wole Soyinka）的主張：人類應該寧可想辦法驅散包圍著我們的恐懼氣氛，而非活在恐懼的氣氛裡。[4]問題在於如何著手。面對恐懼，必須要求大眾媒體、政府當局和壓力團體表現得更有責任感——不論動機多麼「良善」，都不要過度渲染恐懼。比方說，衛生當局不應爲了對抗吸菸和毒品等對象，而運用誇張的恐慌宣傳。要是危險其實微乎其微，大眾媒體也不應使用通欄大字標題，警告人們這樣那樣食物的危害。壓力團體不應只爲了爭取到媒體報導，而誇大某一現實危險。但他們卻不太可能擔負起這份責任，因爲將恐懼施加於他人，可說是他們所有人欲達各自目的所能運用的最有效工具，不論目的是增進公共衛生、銷售報紙，還是引起人們對環境問題的關注。

只要恐懼作爲大眾媒體的銷售工具仍有絕佳效果，他們就不太可能採取更負責任的態度。但我們應該明白一件事：恐慌宣傳可能會產生嚴重後果。我們可以從二〇〇五年卡崔娜颶風（Hurricane Katrina）過後，對於紐奧良（New Orleans）情況的新聞報導中，看到現實與大眾媒體呈現的恐怖局面不相符的粗魯範例。有線電視新聞網（CNN）報導狙擊手向救災直升機開槍，還有幫派往返於市內各區，遇見受害者就加以姦淫。福斯新聞也採用了同樣的報導。脫口秀女王歐普拉・溫芙蕾（Oprah Winfrey）有一集特別節目，來賓大談嬰兒遭到性侵，溫芙蕾本人則確認某些幫派配備的武器比警方更精良。甚至有些人報導當地發生了人吃人的事件。媒體反覆宣稱，紐奧良陷入了完全不受法律約束的狀態，殺戮和姦淫不是例外而是常態。可想而知，救災團隊不太想要進入這樣一個地區。因此病人從醫院疏散的時間被延後而導致許多人喪生。救護車也不再出動，直到秩序能夠再度恢復爲止。進入災區的軍方人員採取諸多安全預防措施，救災行動因此大受延誤。許多警力由於害怕在市內可能遭遇不測而完全停止運作，剩餘的警力則必須轉用於制止兇惡的幫派，而非協助救災行動。所有這些報導的問題在於，這一切暴力肆虐的情節全都不曾發生過。[5]紐奧良的暴力犯罪統計數據通常居高不下，但在風災期間，暴力犯罪看來反倒確實減少了。人們所做的——這也是最能理解的——是從商店偷竊食物、飲品及其他必需品好讓自己能活下來。除此之外，這座被風災襲擊的城市人口，行為舉止堪稱楷模。關於事態顯然不受法律約束的這一切消息，導致人命遭受損失。這正是一個顯例，說明了大眾媒體將危機最大化的模式，絕非清白無辜的現象——它造成了具體損害。這個例子尤其明確呈現出，這世界完全不信任人們在危機情境中會以負起道德責任的方式行事。

我們在文化上似乎更情願預設負面後果，我們還有一種流動的恐懼，它長久以來一直尋覓著能夠扯上關係的新對象。[6]這樣一個擔驚受怕的世界是不幸的。人們的一般認知是我們如今暴露在比過去更大的風險之中，而且這種趨勢只會每況愈下。決定人們如何認知自身幸福的一個因素，即是人們對未來的假定。活在悲慘際遇中，卻相信情況會好轉的人們，一般說來比生活水準更高卻覺得未來處境會惡化的人們更加滿足。對未來的擔憂可能會讓當下蒙上陰影。但我們擔憂的眞憑實據恐怕少得前所未見。

恐懼的擴散損害了我們的本體安全（ontological security），也就是我們要在日常生活中運行順暢，就必須擁有的那種基本安全。在風險文化裡，我們全都是受害者。我們變得可悲，因爲我們成了受苦者，成了被動的接受者。恐懼奪走了我們的自由。日常生活中一般能看作理所當然的自由，因不安全感而減少了。正如渥雷・索因卡所言：「戒慎恐懼取代了自發性或例行性的規範。」[7]這份自發性正是我們的自由不可或缺的一部分。必須不斷三思而後行的人，哪怕是爲了十分單調平凡的事，都已喪失了某些自由行動的範圍。這或許與報刊上關於鄰里暴力事件、恐怖分子「隨時隨地」都能發動攻擊、我們吃下的食物不安全，或是某一危險病毒快速傳播的各種報導有所關聯。當我們受到這類資訊影響，也就失去了某些日常的自發性。

活在恐懼之中不是好事。正如蒙田所指出：「我遲早會熟悉苦痛，無需透過這邪惡的恐懼去延長它。誰害怕吃苦，就已經在為害怕吃苦了。」[8]很難想像一切恐懼都有可能完全消失。約瑟夫・康拉德（Joseph Conrad）這麼說：

> 恐懼始終存在。人或許能摧毀自己內在的一切，愛、恨和信念，甚至懷疑，但只要一息尚存，他就摧毀不了恐懼：幽微、堅不可摧又可怖的恐懼，充塞於存有、摻雜於思緒、潛伏於心中，緊盯著他吐出最後一口氣。[9]

這個表述誇大了恐懼在人類生命中的作用，因爲恐懼被刻劃成了其他一切全都消亡之際仍然存在的根本之物。恐懼在我們人生中發揮的作用，同樣取決於我們容許它發揮何種作用。我們有可能設法抵抗恐懼強加於我們的常規，而且我們可以試著以希望取而代之。

即使我倡導希望而非恐懼，但這不代表我想要回歸偉大社會的烏托邦。我反倒確信，恐懼社會正是烏托邦思想下的產物。「烏托邦」（utopia）的字面意義是「無有之地」（non-place），但人們喜歡把它想成「美好之地」，也就是「eutopia」（希臘文前綴 eu- 是「美好」之意，topos 則是「地方」）。如同阿道斯・赫胥黎（Aldous

Huxley）小說《美麗新世界》（*Brave New World*）書中的這句話：「一個文明人完全不用承擔任何嚴重不愉快的事。」[10]顧名思義，烏托邦就是不包含恐懼的社會。正是在這樣的背景下，恐懼變得不堪承受，任何不幸也都不可接受。

人們讀到烏托邦的時候，這些社會彷彿都有一種完全不宜生活的傾向，就好像生命本身已經從這些據稱完美的社會中被消滅了。看來，我們的烏托邦彷彿是要創造出一個所有危險都徹底受到控制、只能從歷史課本裡讀到的不幸社會。我們眞能在這樣一個社會設法活下去嗎？詹姆士・巴拉德（J. G. Ballard）的諷刺故事《狂奔》（*Running Wild*, 1988），描述倫敦郊外有一個受到徹底監控與保護的小社區。[11]某一天，社區的成年人都遭到殺害，兒童也全數失蹤。我們跟隨著爲警方效力的精神科醫師理查・格雷維爾（Richard Greville），和他一起嘗試解開謎團。他逐漸查明，孩子們並沒有被綁架，而是殺害父母之後逃走。問題在於：爲什麼？沒有理由相信家長曾對子女作出性虐待之類的事，他們全心全意盡己所能，努力爲子女開創最好的生活。格雷維爾最終得出了令人震驚的結論：孩子們反抗並殺害父母，是爲了逃離父母令他們窒息的關愛。家長們試圖帶給子女完善又安全的童年，其實卻是竊取了孩子們的童年。[12]此外也很明顯，即使只是考慮建立這樣一個無風險的封閉社會，也必定出於對「外界」現實相當悲觀的看法。

恐懼文化是一種悲觀文化。恰克・帕拉尼克（Chuck Palahniuk）的小說《隱形怪物》（*Invisible Monsters*, 1999）曾這麼說過：「未來何時……從承諾轉變爲威脅？」[13]早在古代就能找到悲觀描述未來的範例，但「悲觀」這個概念直到一七七〇年代才開始運用。[14]一般說來，對未來的強烈悲觀早先似乎是一種邊緣現象。反之在今天，悲觀看來十分普遍地受到採納，進步概念則被看成荒唐的天眞無知。[15]齊格蒙・包曼寫道：

> 「進步」代表的不是歷史的一種品質，而是對於現在的自信。進步最深刻、或許也是唯一的意義，是由兩個密切相關的信念所構成，那就是「時間站在我們這邊」，以及我們是「使事情發生」的人。……對於相信自己有改變事物能力的人，「進步」是不言自明的道理；但對那些覺得事情不在自己掌控之下的人，「進步」的想法根本不會發生，如果聽到了也只會覺得可笑而已。[16]

在受害與恐懼的文化中，進步概念絕無可能的。人們頂多只能讓自己相信，或許有可能防止一切更加惡化。要是人們體驗不到掌握存在的感受，對自己改善世界的能力也缺乏信心，這樣的未來就毫無迷人之處。

恩斯特・布洛赫（Ernst Bloch）在他探討關於「希望」的巨作的開端如此說明：

> 關鍵在於要學會去希望。希望的作用不會消失，它會愛上成功而不是失敗。希望優於恐懼，因為它既不是消極的，也不是封閉在某種虛無之中。希望的效果是使人的心胸變得開闊，而不是變得狹窄。[17]

問題不在於根除恐懼。恐懼始終都會在，但這或許只意味著此生之中有些事物對我們具有某種意義。激起恐懼的因素，正是人們對自身或他人生命的期望所蒙受的這樣那樣威脅。哲學家弗朗西斯・布萊德雷（F. R. Bradley）指出：「不復懼怕的人，也已不復關心。」[18]但恐懼卻有可能太過無所不包，而摧毀賦予我們生命意義的多數事物，還有可能產生窒息效應。反之，希望卻是樂觀、信任、積極又解放的。希望能夠提升我們，但恐懼卻拖垮我們。

我並不主張我們現在生活在「一切可能的世界中最好的世界」，但世界本來有可能更惡劣得多——大半個人類歷史上，世道也一直都更惡劣得多。要是我們可以自由選擇想要活在人類歷史上哪個時刻，當下大概會是最佳選擇。我們的恐懼是隨著這份奢侈而來的問題；我們的人生如此安全，令我們得以擔憂實際上幾乎不可能影響到我們生命的無數危險。我們的時代自然得面對許多嚴峻挑戰：貧困、饑餓、氣候變遷、政治和宗教衝突等等。我們所需要的則是相信人類有能力按部就班，嘗試解決這些問題，並從錯誤中記取教訓，創造出更好的世界——簡言之，就是人本主義的樂觀（humanistic optimism）。

引用文獻
References

前言

1. Roland Barthes, *Lysten ved teksten*, trans. Arne Kjell Haugen (Oslo 1990), p. 48, from *Le Plaisir du texte* (Paris, 1973).

1 恐懼文化

1. 例見 Frank Furedi, Culture of Fear: Risk-taking and the Morality of Low Expectation (London and New York, 2005)，以及 Joanna Bourke, Fear: A Cultural History (London, 2005)。
2. Ludwig Wittgenstein, Tractatus logico-philosophicus: Werkausgabe in 8 Bänden (Frankfurt am Main, 1984), I, § 6.43.
   繁體中文版 《邏輯哲學論叢》，維根斯坦，韓林合譯，五南，2021
3. Jean-Paul Sartre, The Emotions: Outline of a Theory, trans. B. Frechtman (New York, 1986), p. 87.
4. Michel de Montaigne, "Forsvarstale for Raymond Sebond," in *Essays: Første bok*, trans. Beate Vibe (Oslo, 2005), p. 220.
5. 舊約聖經《創世紀》三章十節：「他說，我在園中聽見你的聲音，我就害怕，因為我赤身露體，我便藏了。」
6. 參見 Niklas Luhmann, *Risk: A Sociological Theory*, trans. Rhodes Barrett (New York, 1993)。
7. Furedi, *Culture of Fear*, p. xii.
8. 過去十年間「恐懼」一詞出現的次數如下：

1996 年，3,331 次
1997 年，3,318 次
1998 年，3,774 次
1999 年，3821 次
2000 年，4163 次
2001 年，5168 次
2002 年，4709 次
2003 年，4757 次
2004 年，4443 次
2005 年，5308 次
2006 年，5883 次

我將查詢範圍限縮於一九九六至二〇〇六年間，因為在許多不同時間點上，各有許多不同報刊收錄資料庫，一九九六年之前的查詢（當時資料庫中仍收錄《每日新聞》〔*Dagbladet*〕及其他報刊）無法逕自與一九九六年及其後的查詢相提並論。一九九六年至二〇〇六年間，可搜尋到的來源數量也有所不同，基於 a-text 資料庫出現筆數的這份概述，顯然也不會呈現出完全可靠的樣貌，即使資料庫至少可以用於顯示整體趨勢。

9. *Aftenposten*, 11 August 2005.
10. 參見 Paul Slovic, *The Perception of Risk* (London, 2000), chap. 8。
11. 同上，chap. 13。
12. 例見 Cass R. Sunstein, Risk and Reason: *Safety, Law and the Environment* (Cambridge, 2002), p. 4。
13. 參見 Eric Howeler, "Anxious Architectures: The Aesthetics of Surveillance," *Archis*, 3 (2002)，以及 Eric Howeler, "Paranoia Chic: The Aesthetics of Surveillance," *Loud Paper*, 3 (2004)。
14. Sibylla Brodzinsky, "Bulletproof Clothing that's Fashionable Too," *Business 2.0 Magazine*, 17 August 2006.
15. Paola Antonelli, *Safe: Design Takes on Risk*, Museum of Modern Art (New York, 2005), p. 80.
16. 同上，p. 118。
17. 同上，p.15。
18. Nan Ellin 編 , *Architecture of Fear* (New York, 1997).
19. Melinda Muse, *I'm Afraid, You're Afraid: 448 Things to Fear and Why* (New York, 2000).
20. Jared Diamond, *Collapse: How Societies Choose to Fail or Succeed* (New York, 2004);

James Howard Kunstler, T*he Long Emergency: Surviving the End of Oil, Climate Change, and Other Converging Catastrophes of the Twenty-First Century* (New York, 2005); Eugene Linden, *The Winds of Change: Climate, Weather and the Destruction of Civilizations* (New York, 2006).

21. Matthew Stein, *When Technology Fails: A Manual for Self- Reliance and Planetary Survival* (White River Junction, VT, 2000); Jack A. Spigarelli, *Crisis Preparedness Handbook: A Complete Guide to Home Storage and Physical Survival* (Alpine, Utah, 2002).

22. Henrik Svensen, Enden er nær: En bok om naturkatastrofer og samfunn (Oslo, 2006), p. 15. Cf. p. 172；英文版 The End is Nigh: A History of Natural Disasters (forthcoming London, 2009)。斜體重點依照原書。

23. 網際網路上揮之不去的其中一種恐懼，與一氧化二氫（dihydrogen monoxide）這種據說危險的物質有關（參見維基百科「一氧化二氫惡作劇」條目：en.wikipedia.org/wiki/Dihydrogen_monoxide_hoax）。要是人們查看這種物質的危險的影響，那麼確實有理由擔心：（一）它每年造成許多人死亡（二）它成癮性高，戒斷症狀可在數日內致人於死（三）大量攝取這種物質的液態，可能使人中毒致死（四）這種物質的氣態可能導致嚴重燒燙傷（五）癌症腫瘤內經常發現此種物質；（六）它又名氫氧基酸（hydroxylic acid），是酸雨的主要成分之一（七）它導致土壤流失和溫室效應。會造成這麼多危險後果的物質，顯然應當受到嚴格控制，甚至禁用。因此許多人簽名連署要求禁止，問題在於，此處所描述的物質是日常用水。

24. 關於車諾比核災二十週年，許多環保運動人士和團體都把握機會，散播與災變規模相關的驚人數字，意在驚嚇我們，讓我們甚至不再考慮核能這一能源。綠色和平組織發表報告，主張死亡人數及致癌人數受到嚴重低估。根據綠色和平說法，白羅斯將有二十七萬人罹癌，九萬三千人死於病變。綠色和平也估計，已有六萬俄羅斯人死於災變，而烏克蘭和白羅斯的死亡人數可能再加十四萬人（The Chernobyl Catastrophe. Consequences on Human Health, Greenpeace, Amsterdam 2006: www.greenpeace.org/raw/content/international/

press/eports/chernobylhealthreport.pdf）。這些數字受到多數大眾媒體不加批判地引用，即使事實上它們與世界衛生組織和國際原子能總署提出的數字出入甚大，後者估計最終死亡人數將在四千至九千人之間（Chernobyl's Legacy: Health, Environmental and Socio-Economic Impact, IAEA, Vienna: www.iaea.org/Publications/Booklets/Chernobyl/chernobyl.pdf）。災變發生當下約有三十人死亡，迄今爲止確知死亡人數約有一百人，即使死亡人數最終將達到數千人。但這些數字與綠色和平缺乏甚至全無獨立消息來源支持的數字相去甚遠，該組織看來還有可能爲了爭取關注和捐款而將數字大幅灌水。綠色和平的數字要取得可信度的話，小劑量輻射的影響得比我們有理由相信的程度更高出數倍才行。

25. Lee Jones, "Turning Children Green with Fear," *Spiked*, 12 March 2007, www.spiked-online.com/index.php?/site/article/2950/.

26. Bourke, *Fear: A Cultural History,* p. 259.

27. 特別嚴肅看待這種威脅，卻幾乎無法讓這種威脅看似更可能發生的其中一種呈現，參見 Graham Allison, "The Ongoing Failure of Imagination," *Bulletin of the Atomic Scientists*, LXII/5 (2006)。

28. 關於一九九五年三月東京地下鐵毒氣攻擊，身在其中的人如何經歷，以及遭受攻擊後的人生變化，清晰易讀的呈現參見 Haruki Murakami, *Underground: The Tokyo Gas Attack and the Japanese Psyche*, trans. Alfred Birnbaum and Philip Gabriel (London, 2003)。

29. 參見 Human Security Centre, *Human Security Report 2005 - War and Peace in the 21st Century* (Oxford, 2006)。

30. Furedi, *Culture of Fear*, p. vii.

31. 對此一現象著重美國情況的詳盡研究，參見 David L. Altheide, *Creating Fear: News and the Construction of Crisis* (New York, 2002)。

32. 參見 George Gerbner, "Violence and Terror in and by the Media," in *Media, Crisis and Democracy: Mass Communication and the Disruption of Social Order*, M. Raboy and B. Dagenais 編 (London, 1992)。

2 何謂恐懼？

1. 關於情緒的多種理論，一種清晰易讀、著重認知主義視角的呈現與討論，參見 Frode Nyeng, *Følelser – i filosofi, vitenskap og dagligliv* (Oslo, 2006)。我個人認爲，最有用的是 Robert Solomon, *The Passions: Emotions and the Meaning of Life* (Indianapolis and Cambridge, 1993)。
2. Paul Ekman, "An Argument for Basic Emotions," *Cognition and Emotion*, 6 (1992).
3. 參見 Andrew Ortony 等 , *The Cognitive Structure of the Emotions* (Cambridge, 1998), p. 27。
4. 關於「基本情緒」爭論，清晰易讀的摘要和討論，參見 Robert C. Solomon, "Back to Basics: On the Very Idea of 'Basic Emotions,'" in *Not Passion's Slave: Emotions and Choice* (Oxford, 2003)。
5. Maurice Merleau-Ponty, *Phenomenology of Perception*, trans. Colin Smith (London, 1989), p. 184.
6. 同上，p. 189。
7. 參見 Joanna Bourke, *Fear: A Cultural History* (London, 2005), p. 19。
8. 具有這樣一種觀點的研究，參見 Daniel M. Gross, *The Secret History of Emotion: From Aristotle's Rhetoric to Modern Brain Science* (Chicago, 2006)。
9. 參見 William M. Reddy, The Navigation of Feeling: A Framework for the History of Emotion (Cambridge, 2001), p. 12。
10. Michel de Montaigne, "Om drukkenskap," in Essays: Annen bok, trans. Beate Vibe (Oslo, 2005), p. 28，以及 oregonstate.edu/instruct/phl302/texts/montaigne/montaigne-essays-2.html。繁體中文版 《蒙田隨筆 第 2 卷》，〈論飲酒〉，蒙田，馬振騁譯，五南，2019。
11. David Hume, A Treatise of Human Nature (London, 1984), book 2.9, p. 491. 繁體中文版 《人性論》，休謨，關文運譯，五南，2023
12. 參見 Antonio Damasio, Følelsen av hva som skjer: Kroppens og emosjonenes betydning for bevisstheten, trans. Kåre A. Lie (Oslo, 2002), pp. 68-72。

13. 參見 Reiner Sprengelmeyer 等 , "Knowing no fear," Proceedings of the Royal Society: Biological Sciences, 1437 (1999)。

14. Joseph LeDoux, *The Emotional Brain* (London, 1998).

15. 參見 Hans Selye, *The Stress of Life* (New York, 1976)。

16. LeDoux, *The Emotional Brain*, p. 302.

17. Michael Meyer, *Philosophy and the Passions: Towards a History of Human Nature,* trans. Robert F. Barsky (Philadelphia, PA, 2000), p. 1.

18. 參見 Mohan Matthen, "Biological Universals and the Nature of Fear," *Journal of Philosophy*, 3 (1998)。

19. Aristotle, *Den nikomakiske etikk*, trans. Øyvind Rabbås and Anfinn Stigen (Oslo, 1999), p. 52 (1115a)，以及 classics.mit.edu/Aristotle/nicomachaen.mb.txt。
繁體中文版 《尼各馬可倫理學》，亞里士多德，廖申白譯，五南，2021

20. Martin Heidegger, *Sein und Zeit* (Tübingen, 1986), p. 140.

21. Ernst Cassirer, *An Essay on Man: An Introduction to a Philosophy of Human Culture* (Garden City, NY, 1954), pp. 42-3.
繁體中文版 《人論：人類文化哲學導引》，卡西勒，甘陽譯，桂冠，1990

22. Ernest Becker, *Escape from Evil* (New York, 1975), p. 148.

23. Thucydides, *Peloponneserkrigen, Første bind, trans. Henning Mørland* (Oslo, 1999), book 1.23 (§ 28); 1.88 (§ 61).

24. 進行這樣的檢查時，重點放在恐懼與焦慮，參見 Isaac M. Marks and Randolph M. Nesse, "Fear and Fitness: An Evolutionary Analysis of Anxiety Disorders," *Ethnology and Sociobiology*, 15 (1994)。

25. François de La Rochefoucauld, *Reflections; or, Sentences and Moral Maxims*, trans. J. W. Willis Bund and J. Hain Friswell (2007 edn), § 27.
繁體中文版 《人性箴言：僞善是邪惡向美德的致敬》，拉羅什福柯，黃意雯譯，八旗，2016

26. Lucretius, *Om tingenes natur,* trans. Trygve Sparre (Oslo, 1978), p. 86，以及 classics.mit.edu/Carus/nature_things.3.iii.html。
27. William James, "What is an Emotion?," *Mind*, 9 (1884), p. 190.
28. W. B. Cannon, "The James-Lange Theory of Emotion: A Critical Examination and an Alternative Theory," *American Journal of Psychology*, 39 (1927). 另參見 W. B. Cannon, *Bodily Changes in Pain, Fear and Rage* (New York, 1929)。
29. Stanley Schachter and Jerome Singer, "Cognitive, Social and Physiological Determinants of Emotional State," *Psychological Review*, 69 (1962).
30. 參見 Martha C. Nussbaum, Upheavals of Thought: The Intelligence of the Emotions (Cambridge, 2001), pp. 35-6。
31. 對此的精采討論，參見 Ronald de Sousa, "Self-deceptive Emotions," in Explaining Emotions,Amélie Oksenberg Rorty 編 (Berkeley, CA, 1980), pp. 283-97。
32. 'Furcht über einen unbestimmten Übel drohenden Gegenstand ist Bangigkeit.' Immanuel Kant, Anthropologie in pragmatischer Hinsicht (Berlin, 1968), §76, p. 255.
33. 這一點（以至於我其實必須相信虛構角色的存在，好讓自己感受到關於他們的恐懼）事實上正是非虛構文學中極受爭議的一個問題。但我無意深入加以討論。對於核心問題頗爲清晰易讀的呈現，參見 Noël Carroll, *The Philosophy of Horror; or, Paradoxes of the Heart* (London and New York, 1990), chap. 2。
34. Elias Canetti, *Masse og makt*, trans. Niels Magnus Bugge (Oslo, 1995), p. 9.
35. H. P. Lovecraft, "Supernatural Horror in Literature," in *At the Mountains of Madness* (New York, 2005), p. 105.
36. Aristotle, *Den nikomakiske etikk*, p. 54 (1115b).
繁體中文版 《尼各馬可倫理學》，亞里士多德，廖申白譯，五南，2021
37. Michel de Montaigne, "Om frykten," in *Essays: Første bok*, trans. Beate Vibe (Oslo, 2004), p. 110.
繁體中文版 《蒙田隨筆 第 1 卷》，〈論害怕〉，蒙田，馬振騁譯，五南，2019
38. Edmund Burke, *Philosophical Inquiry into the Origin of our Ideas of the Sublime and the*

Beautiful (Oxford, 1998), p. 53.
繁體中文版 《崇高與美之源起》，柏克，林盛彬譯，典藏藝術家庭，2011
39. Heidegger, *Sein und Zeit*, p. 342.
40. 參見 Damasio, *Følelsen av hva som skjer*, pp. 68-72。
41. Aristotle, *Retorikk*, trans. Tormod Eide (Oslo, 2006), p. 121 (1382a).
42. Thomas Hobbes, *De cive* (Oxford, 1983), book 1.2, pp. 58ff.
43. Adam Smith, *The Theory of Moral Sentiments* (Indianapolis, 1982), p. 30.
繁體中文版 《道德情操論》，亞當・史密斯，康綠島譯，狠角舍文化，2011
44. David Hume, *A Treatise of Human Nature* (London, 1984), book 2.9, p. 486.
繁體中文版 《人性論》，休謨，關文運譯，五南，2023
45. Aristotle, *Retorikk*, p. 123 (1383a). 應當指出，亞里斯多德也未必完全一致，因爲他也提到：「懦夫因此是個缺乏希望的人，因爲他害怕一切。」 (Aristotele: *Den nikomakiske etikk*, p. 54, 1116a)
繁體中文版 《尼各馬可倫理學》，亞里士多德，廖申白譯，五南，2021
46. Thomas Aquinas, *Orden og mysterium*, trans. Vegard Skånland (Oslo, 1964), p. 90, no. 310.
47. 同上，p. 90, no. 311。
48. 關於勇敢，易讀且增廣見聞的一段討論，參見 William Ian Miller, *The Mystery of Courage* (Cambridge, MA, and London, 2000)。
49. Aristotle, On Generation and Corruption, in *The Complete Works of Aristotle* (Princeton, NJ, 1985), 323b1ff. 另參見 Metafysikken, in *The Complete Works of Aristotle*, 1002b15。
50. 主張我們絕非被動聽任激情擺布，激情並不只是人所「接受」之物的一篇清晰易讀的文章，參見 Robert C. Solomon, "On the Passivity of the Passions," in Not Passion's Slave: Emotions and Choice (Oxford, 2003)。
51. Heidegger, *Sein und Zeit*, p. 141.
52. 同上，p. 137。
53. Martin Heidegger, *Nietzsche: Erster Band* (Pfullingen, 1989), p. 119.

54. 同上，pp. 62-3。
55. Martin Heidegger, "Was ist Metaphysik?," in *Wegmarken, Gesamtausgabe Bd*, IX (Frankfurt am Main, 1976), p. 111，以及 evans-experientialism.freewebspace.com/heidegger5a.htm。
56. Heidegger, *Sein und Zeit*, p. 140.
57. 同上，p. 141。
58. 同上，p. 342。
59. Jean-Paul Sartre, *Erfaringer med de Andre*, trans. Dag Østerberg and Halvor Roll (Oslo, 1980), p. 146.
60. Jean-Paul Sartre, The Emotions: *Outline of a Theory*, trans. B. Frechtman (New York, 1986), p. 63.
61. 同上，pp. 52ff。
62. 同上，pp. 78-9, 84。
63. G.W.F. Hegel, *Enzyklopädie der philosophischen Wissenschaften I: Werke*, VIII (Frankfurt am Main, 1986), § 410. 另參見 Aristotle, *Den nikomakiske etikk*, 1152a, 25ff。繁體中文版 《尼各馬可倫理學》，亞里士多德，廖申白譯，五南，2021
64. 正如莫里斯・梅洛—龐蒂所言：「人們說，當身體容許自己被新的意義充滿，當它習得了新的意義核心，身體就能理解，習慣也隨之習得。」(*Kroppens fenomenologi*, p. 103)。
65. 參見 Isaac Marks, *Living with Fear: Understanding and Coping with Anxiety* (Maidenhead, 2005)。
66. 參見 Brian Massumi, "Everywhere You Want to Be: Introduction to Fear," in *The Politics of Everyday Fear*, Brian Massumi 編 (Minneapolis and London 1993), p. 24。另參見 Brian Massumi, "Fear (The Spectrum Said)," Positions, XIII/1 (2005).
67. Zygmunt Bauman, *Liquid Fear* (Cambridge, 2006), p. 3.

3 恐懼與風險

1. Anthony Giddens, *Modernity and Self-Identity: Self and Identity in the Late Modern Age* (Cambridge, 1991), p. 3.

2. Ulrich Beck, *Risk Society: Towards a New Modernity* (London, 1992), p. 96.
3. Don DeLillo, White Noise (New York, 1984), p. 35.
繁體中文版 《白噪音》，唐．德里羅，何致和譯，寶瓶，2009
4. 同上，p. 22。
5. 同上，pp174-175。
6. 同上，p. 114。
7. 同上，p. 193。
8. 特別參見 Mary Douglas, *Risk and Blame: Essays in Cultural Theory* (London, 1992)。
9. 抱持現實主義風險觀的人們相信，眞實超越了我們對於眞實的概念，而風險是客觀事實。社會建構論者相信，風險基本上是個社會實體，由行爲者的社會環境所形塑。社會建構論不認爲對風險的知識與獨立、外在的眞實客觀地聯繫，而是與構思它們的社會團體相關。我無意在此深入討論——我個人則採取溫和居中的立場。我的這種立場與烏爾利希．貝克等人一致，貝克看出了這兩種立場的長處和弱點，其中一方把握住風險的客觀、可度量面向，卻不考慮這些面向始終處於文化和政治脈絡中，另一方則恰好相反。對這種立場的清晰敘述，參見 Ulrich Beck, *Ecological Politics in an Age of Risk* (London, 1995)。
10. 瑪莉・道格拉斯和阿倫・維爾達夫斯基都引述了雷利人（Lele），他們遭受到許多疾病和危險的自然現象，但他們對風險的思考強調的是雷擊、不育和支氣管炎。其他群體和民族則強調其他危險。Mary Douglas and Aaron Wildavsky, *Risk and Culture: An Essay on the Selection of Technological and Environmental Dangers* (Berkeley, Los Angeles and London, 1982), p. 7。
11. 同上。
12. Beck, *Risk Society*, p. 176.
13. Douglas, *Risk and Blame*, p. 26.
14. David L. Altheide, *Creating Fear: News and the Construction of Crisis* (New York, 2002), p. 147.
15. 參見 Frank Furedi, *Culture of Fear: Risk-taking and the Morality of Low Expectation*, revd

edn (London and New York, 2005), p. 99。

16. 參見 Peter N. Stearns and Timothy Haggerty, "The Role of Fear: Transitions in American Emotional Standards for Children, 1850-1950," *American Historical Review*, 96 (1991)。

17. 參見 Joanna Bourke, *Fear: A Cultural History* (London, 2005), pp. 87ff。

18. 參見 Paul Slovic, *The Perception of Risk* (London, 2000), pp. 106-7。

19. Garric Blalock 等, "The Impact of 9/11 on Driving Fatalities: The Other Lives Lost to Terrorism," www.news.cornell.edu/stories/March05/Sept11driving.pdf. 我們經常被告知開車的危險，但某項調查的結論指出，最危險的交通方式其實是最古老的——步行（參見 Michelle Ernst, *Mean Streets 2004*, Surface Transportation Policy Project 2004）。由此看來，「安全的」交通恐怕是不可能的。

20. Slovic, *The Perception of Risk*, chap. 16.

21. 參見 Cass R. Sunstein, *Laws of Fear: Beyond the Precautionary Principle* (Cambridge, 2005), p. 82。

22. Slovic, *The Perception of Risk*, p. 323.

23. 對此可以提出異議：死於普通感冒的人，整體而言是健康已經衰弱的老人——就統計觀點來說，這些人反正活不了多久。由此觀之，這樣的對比可能略有誤導之嫌。

24. 一本採取這種視角的增廣見聞且易讀書籍，參見 Jan Brøgger Sr., *Epidemier: En natur- og kulturhistorie* (Oslo, 2002)。

25. info.cancerresearchuk.org/cancerstats/survival/latestrates/.

26. www.pfizer.no/templates/NewsPage_1217.aspx.

27. A. J. Wakefield 等, "Ileal-Lymphoid-Nodular Hyperplasia, Non-Specific Colitis, and Pervasive Developmental Disorder in Children," in *The Lancet*, CCCLI/9103 (1998).

28. 關於魏克菲德爭議始末，一篇清晰易讀的精彩報導，參見 Michael Fitzpatrick, "The MMR Story," in *Panic Nation*, Stanley Feldman and Vincent Marks 編 (London, 2005)。

29. 參見 Ståle Fredriksen, *Bad Luck and the Tragedy of Modern Medicine*, Medicine Faculty, University of Oslo (Oslo, 2005)。

30. 參見 Michel Foucault, *The Birth of the Clinic: An Archaeology of Medical Perception*, trans. A.

M. Sheridan (London, 1997)，特別是第九章。

31. Zygmunt Bauman, *Flytende modernitet*, trans. Mette Nygård (Oslo, 2001), p. 95. 繁體中文版 《液態現代性》，齊格蒙．包曼，陳雅馨譯，商周出版，2018

32. 這個問題的經典探討之一，參見 Ivan Illich, *Medisinsk nemesis*, trans. Truls Hoff (Oslo, 1975)。

33. John Krebs, 'Why Natural May Not Equal Healthy', in *Nature*, 415 (2002), p. 117.

34. 參見 Lakshman Karalliedde, "Pesticides in Food," in *Panic Nation*。

35. 對於領域內科學研究的易讀敘述，其結論是該研究未能提供有機農作更勝於傳統農作的根據，參見 Alex Avery, *The Truth About Organic Foods* (Chesterfield, MO, 2006)。

36. 參見 Furedi, *Culture of Fear*, p. 57。

37. Ronald M. Davis and Barry Pless, "*BMJ* bans 'accidents'," *British Medical Journal*, 322 (2001), pp. 1320-21.

38. Fredriksen, *Bad Luck and the Tragedy of Modern Medicine*.

39. 參見 Christopher Frayling, *Mad, Bad and Dangerous? The Scientist and the Cinema* (London, 2005)。

40. Beck, Risk Society, p. 183.

41. Niklas Luhmann, Risk: *A Sociological Theory, trans. Rhodes Barrett* (New York, 1993), p. 44.

42. Hans Jonas, *Das Prinzip Verantvortung: Versuch einer Ethik für die technologische Zivilisation* (Frankfurt am Main, 1979), p. 63.

43. 同上，p.391。

44. Harvey Scodel, "An Interview with Professor Hans Jonas," *Social Research*, 2 (2003), p. 367.

45. 以下對於預防原則的討論，大大受惠於 Sunstein, *Laws of Fear*。

46. 某些理論家也把預防原則聯繫到所謂最大化最小值原則（maximin principle），它指出替代選擇應依照可想而知的最壞結果排序，並消除最壞結果中的最壞，好讓僅剩的選擇即使是最壞結果，危害也不如其他選項。最大化最小值原則的

問題在於，它並未考量機率——只考量可想而知的最壞結果。此外，它很容易就會產生荒謬的結果，例如人們不該試著對抗全球暖化，因爲對抗暖化會很昂貴又不一定能成功，使用大量資源卻仍有全球暖化問題，其害更甚於全球暖化而不使用這麼多資源。

47. Sandy Starr, "Science, Risk and the Price of Precaution," www.spiked-online.com/Articles/00000006dd7a.htm.
48. 參見 C. Anderson, "Cholera Epidemic Traced to Risk Miscalculation," *Nature*, 354 (1991), p. 255。有些人宣稱霍亂爆發不能如此明確追溯到不再用於水中的氯，因爲可能的起因更複雜得多。參見 Joel Tickner and Tami Gouveia-Vigeant, "The 1991 Cholera Epidemic in Peru: Not a Case of Precaution Gone Awry," *Risk Analysis*, 3 (2005), pp. 495ff。
49. 滴滴涕與瘧疾的相關文獻已經十分詳盡，相對易讀卻詳細的呈現與討論，參見 Richard Tren and Roger Bate, "Malaria and the DDT Story," *IEA Occasional Paper*, 117 (2001)。
50. Frank Furedi, *Politics of Fear* (London and New York, 2005), p. 10.
51. 同上，p. 11。
52. François Ewald, "Two Infinities of Risk," in *The Politics of Everyday Fear*, Brian Massumi 編 (Minneapolis and London, 1993), pp. 221-2.
53. 同上，pp. 227-8。

4 恐懼的吸引力

1. Friedrich Nietzsche, *Morgenröte, Kritische Studienausgabe*, III (Munich, Berlin and New York 1988), § 551.
2. 哥德風格作爲一種文類的精采歷史概述，參見 Richard Davenport, *Gothic: 400 Years of Excess, Horror, Evil and Ruin* (London, 1998)。

3. Oscar Wilde, *Complete Works* (London, 1966), p. 1038.

4. 參見 Gerard Jones, *Drep monstrene: Barns behov for fantastiske forestillinger, superhelter og liksom-vold*, trans. Sigrid Salen (Oslo, 2004)。

5. Jean Genet, *Tyvens dagbok*, trans. Herbert Svenkerud (Oslo, 1986), p. 7.
繁體中文版 《竊賊日記》，尚・惹內，洪凌譯，時報出版，1994

6. 同上，p. 194。

7. 同上，p. 18-19。

8. 同上，p. 179。

9. 引自 Hagerup, "Postscript," in Charles Baudelaire, *Spleen og Ideal*, trans. Haakon Dahlen (Oslo, 1999), p. 142。

10. Baudelaire, "Hymne til venleiken," in *Spleen og Ideal*, pp. 41-2.
繁體中文版 《惡之華》，〈美的讚歌〉，波特萊爾，杜國清譯，臺大出版中心，2011

11. Baudelaire, "Til lesaren," in *Spleen og Ideal*, p. 11.
繁體中文版 《惡之華》，〈致讀者〉，波特萊爾，杜國清譯，臺大出版中心，2011

12. Charles Baudelaire, *Dagbøker,* trans. Tore Stubberud (Oslo, 1975), p. 33.

13. 這篇論文和德・昆西討論同一主題的許多其他文本，皆收錄 Thomas De Quincey, *On Murder*, Robert Morrison 編 (Oxford, 2006)。以下對於德・昆西的陳述，受惠於 Joel Black, *The Aesthetics of Murder: A Study in Romantic Literature and Contemporary Culture* (Baltimore and London, 1991)。

14. De Quincey, *On Murder*, p. 11.

15. Edmund Burke, *Philosophical Inquiry into the Origin of our Ideas of the Sublime and the Beautiful* (Oxford, 1998), p. 43.
繁體中文版 《崇高與美之源起》柏克，林盛彬譯，典藏藝術家庭，2011

16. 同上，p. 44。

17. 同上，p. 36、79。

18. 同上，p. 54。

19. 同上，p. 42。

20. Rainer Maria Rilke, *Duineser Elegien* (Munich, 1997)，以及 www.tonykline.co.uk/PITBR/German/Rilke.htm。
繁體中文版 《里爾克 - 杜英諾哀歌》，萊納・瑪利亞・里爾克，張錯譯，商周出版，2022

21. Immanuel Kant, *Beobachtungen über das Gefühl des Schönen und Erhabenen, in Kants gesammelte Schriften,* XI (Berlin and New York, 1902-). 另參見 Immanuel Kant, *Bemerkungen zu den Beobachtungen über das Gefühl des Schönen und Erhabenen, in Kants gesammelte Schriften*, vol. XX。

22. Immanuel Kant, *Kritikk av dømmekraften*, trans. Espen Hammer (Oslo, 1995), §23, p. 118.
繁體中文版 《判斷力批判》，康德，鄧曉芒譯，聯經出版公司，2020

23. 同上，§28, p. 136，以及 ebooks.adelaide.edu.au/k/kant/immanuel/k16j/part8.html#ss28。

24. Burke, *Philosophical Inquiry*, p. 53.
繁體中文版 《崇高與美之源起》柏克，林盛彬譯，典藏藝術家庭，2011

25. Kant, *Kritikk av dømmekraften*, §28, p. 135.
繁體中文版 《判斷力批判》，康德，鄧曉芒譯，聯經出版公司，2020

26. 同上，§29, p. 144-5。

27. 同上，§28, p. 135。

28. 同上，§28, pp. 137-8。

29. 引自 Paul Oppenheimer, Evil and the Demonic: A New Theory of Monstrous Behaviour (New York, 1996), p. 79。

30. Kant, *Kritikk av dømmekraften*, §26, p. 127.

31. Don DeLillo, *White Noise* (New York, 1984), pp. 127-8.
繁體中文版 《白噪音》，唐・德里羅，何致和譯，寶瓶，2009

32. Friedrich Nietzsche, *Nachgelassene Fragmente* 1884-1885, in *Kritische Studienausgabe*, vol. XI, (Munich, Berlin and New York, 1988), pp. 267-8.

33. Michel Foucault, *Det moderne fengsels historie*, trans. Dag Østerberg (Oslo, 1977), p. 64. 繁體中文版 《監視與懲罰：監獄的誕生》，米歇爾・傅柯，王紹中譯，時報出版，2020

34. John Gay, *The Beggar's Opera* (London, 1987), Act I, scene 4, p. 12.

35. Friedrich von Schiller, "Gedanken über den Gebrauch des Gemeinen und Niedrigen in der Kunst" [1802], in *Sämtliche Werke in fünf Bänden*, v (Munich, 2004).

36. 在這個關聯中應當提及，柏克三十多年後在《對法國大革命的反思》一書中，撤回了早先對於崇高的陳述，邁入老年的柏克否認恐怖攻擊是「崇高」的。對此事清晰易讀的敘述，參見 Christine Battersby, "Terror, Terrorism and the Sublime: Rethinking the Sublime after 1789 and 2001," *Postcolonial Studies*, 1 (2003), pp. 70-77。

37. De Quincey, *On Murder*, pp. 12-13.

38. 同上，pp. 30-33。

39. Walter Benjamin, *Kunstverket i reproduksjonstidsalderen*, trans. Torodd Karlsten (Oslo, 1991).

40. Karl Rosenkranz, *Ästhetik des Hässlichen* (Leipzig, 1990).

41. Burke, *Philosophical Inquiry*, p. 109.

42. Aristotle, *Om diktekunsten*, trans. Sam Ledsaak (Oslo, 1989), p. 30，以及 www.gutenberg.org/dirs/etext99/poetc10.txt。
繁體中文版 《詩學》，亞里斯多德，劉效鵬譯，五南，2024

43. 同上，p.35、44、48。

44. Aristotle, *Den nikomakiske etikk*, trans. Øyvind Rabbås and Anfinn Stigen (Oslo, 1999), p. 1104 b13.
繁體中文版 《尼各馬可倫理學》，亞里士多德，廖申白譯，五南，2021

45. De Quincey, *On Murder*, p. 32，以及 www.gutenberg.org/etext/10708。

46. 對此清晰易讀的討論，參見 Noël Carroll, *The Philosophy of Horror; or, Paradoxes of the Heart* (London and New York, 1990), chap. 4。

47. 同上，p. 7。

48. 參見 Maurice Merleau-Ponty, *Øyet og ånden*, trans. Mikkel B. Tin (Oslo, 2000)。

49. 柏克對於這一點的精采討論，參見 Richard Shusterman, "Somaesthetics and Burke's Sublime," *British Journal of Aesthetics*, 4 (2005)。

50. Chuck Palahniuk, *Fight Club* (New York, 1996), p. 155.
繁體中文版 《鬥陣俱樂部》，恰克・帕拉尼克，余光照譯，麥田，2012

51. 同上，p. 148。

52. John Locke, *An Essay Concerning Human Understanding* (Oxford, 1975), Book II, chap. 21.

53. Jean Delumeau, *Sin and Fear: The Emergence of Western Guilt Culture, 13th-18th Centuries*, trans. Eric Nicholson (New York, 1990), p. 555.

5 恐懼與信任

1. Knud Ejler Løgstrup, *Den etiske fordring* (Copenhagen, 1956), pp. 17-18.

2. BBC news, "Britain is 'Surveillance Society,'" 2 November 2006: news.bbc.co.uk/1/hi/uk/6108496.stm.

3. Ulrich Beck, *Weltrisikogesellschaft: Auf der Suche nach der Verlorenen Sicherheit* (Frankfurt am Main, 2007), p. 335.

4. Gavin de Becker, *The Gift of Fear: Survival Signals that Protect Us from Violence* (New York, 1997).
繁體中文版 《恐懼，是保護你的天賦》，蓋文・德・貝克，梁永安、賴皇良譯，臺灣商務，2022

5. 同上，p. 66。

6. 同上，p. 80。

7. 對這種依賴觀點的社會學分析，參見 Anthony Giddens, *The Transformations of Intimacy* (Oxford, 1992), chap. 6。

8. Francis Fukuyama, *Trust: The Social Virtues and the Creation of Prosperity* (New York, 1996).

9. 參見 Niklas Luhmann, *Vertrauen: Ein Mechanismus der Reduktion sozialer Komplxität* (Stuttgart, 2000)。
10. Fukuyama, *Trust*, pp. 27, 152-8.
11. Løgstrup, *Den etiske fordring*, p. 28.
12. Ernst Fehr and Bettina Rockenbach, "Detrimental Effects of Sanctions on Human Altruism," *Nature*, 422 (2003), pp. 137-40.
13. Andreas Olsson 等 , "The Role of Social Groups in the Persistence of Learned Fear," *Science*, 309 (2005).
14. Arne Öhman, "Conditioned Fear of a Face: A Prelude to Ethnic Enmity?," *Science*, 309 (2005).
15. Robert C. Solomon and Fernando Flores, *Building Trust in Business, Politics, Relationships and Life* (Oxford and New York, 2001), p. 22.
16. Georg Simmel, *Philosophie des Geldes, Gesamtausgabe*, VI (Frankfurt am Main, 1989), p. 215.
17. Georg Simmel, *Soziologie: Untersuchungen über die Formen der Vergesellschaftung* II (Frankfurt am Main, 1989), p. 393.
18. 同上。
19. Simmel, Philosophie des Geldes, p. 215.
20. 譯自 Dietrich Bonhoeffer, Motstand og hengivelse: Brev og opptegnelser fra fengselet, trans. Svein Hanssen-Bauer (Oslo, 2000), p. 36。
21. 以下對於天真的信任、愚蠢的信任和反射性信任之區別，很大程度上與 Solomon and Flores, Building Trust in Business, Politics, Relationships, and Life, pp. 37-8, 64-5, 91-103 所區分的「單純信任」、「盲目信任」和「眞正信任」不謀而合。
22. Paul Slovic, *The Perception of Risk* (London, 2000), chap. 19.

6 恐懼的政治

1. 將這種觀點放到長遠的研究，參見 Elemér Hankiss, Fears and Symbols: An Introduction to the Study of Western Civilisation (Budapest, 2001)。

2. Giambattista Vico, The New Science (Ithaca, ny, 1984), §§379-91.

3. Thomas Hobbes, De Cive (Oxford, 1983), chap. 2.

4. Niccolò Machiavelli, Discorsi: En drøftelse av Titus Livius' ti første bøker, 3 vols, trans. Jon Bingen (Oslo, 2004), vol. I, book 1.3, p. 24，以及 www.gutenberg.org/ebooks/15772。繁體中文版《李維羅馬史疏義》，馬基維利，呂健忠譯，左岸，2003

5. 我在 Lars F. H. Svendsen, Ondskapens filosofi (Oslo, 2001), pp. 74-8 之中，討論人類基本上是善、是惡，或善惡兼具的程度。

6. Niccolò Machiavelli, *Fyrsten*, trans. Jon Bingen (Oslo, 1988), chap. 8.7, p. 49. 繁體中文版《君主論》，馬基維利，呂健忠譯，暖暖書屋，2012

7. 同上，chap. 8.8., p. 49。

8. 同上，chap. 17.1, p. 88。

9. 同上，chap. 18.4, p. 93，以及 chap. 9.5, p. 53。

10. 同上，chap. 17.1, p. 87。

11. 同上，chap. 17.2, p. 89。

12. Thomas Hobbes, *Leviathan* (Cambridge, 1991), chap. 14, p. 99.

13. Hobbes, *De Cive*, pp. 58-9. 參見 Thomas Hobbes, *Leviathan*, chap. 13, p. 89。繁體中文版《利維坦》，湯瑪斯・霍布斯，莊方旗譯，五南，2021

14. Hobbes, *Leviathan*, chap. 13.

15. 同上，chap. 13, pp. 88-9。

16. 同上，chap. 13, pp. 89。

17. 同上，chap. 27, p. 206。

18. 同上，chap. 13, p. 90。

19. Immanuel Kant, Grundlegung zur Metaphysik der Sitten, in *Kants gesammelte Schriften*, VIII (Berlin and New York, 1902-), p. 401n. 康德對於霍布斯政治哲學的全面批判，參見 Immanuel Kant, *Über den Gemeinspruch: Das mag in der Theorie richtig sein, taugt aber nicht für die Praxis, in Kants gesammelte Schriften*, VIII (Berlin and New York 1902-), part 2, pp. 289-306。

20. Hobbes, *Leviathan*, chap. 21, p. 146.

21. 同上，chap. 30。

22. 參見 Gregory S. Kavka: 'Rule by Fear', *Nous*, 4 (1983)。

23. 參見 Alexis de Tocqueville, Democracy in America, trans. And H. C. Mansfield and D. Winthrop 編 (Chicago, 2000); *Om demokratiet i Amerika*, trans. Birgit Tønnesson (Oslo, 1995)。

24. Michael Ignatieff, The Warrior's Honor: *Ethnic War and the Modern Conscience* (New York, 1997), p. 18.

25. Judith N. Shklar, *Political Thought and Political Thinkers* (Chicago, 1998), chap. 1.

26. 參見 Tom Pyszcynski, "What Are We So Afraid Of? A Terror Management Perspective on the Politics of Fear," *Social Research*, 4 (2004), pp. 837-8。

27. Ralph Waldo Emerson, "Self-Reliance," in *The Essential Writings of Ralph Waldo Emerson* (New York, 2000).

28. 我在 Lars F. H. Svendsen: "Ondskapens retorikk," *Morgenbladet*, 13 September 2002 一文中，更詳細地討論了這點。

29. 參見 François Debrix, "Tabloid Realism and the Revival of American Security Culture," *Geopolitics*, 3 (2003)。

30. Samuel Huntington, *The Clash of Civilisations and the Remaking of World Order* (New York, 1996), p. 302.

31. Zbigniew Brzezinski, *Out of Control: Global Turmoil on the Eve of the Twenty-First Century* (New York, 1993), *The Grand Chessboard: American Primacy and Its Geostratic Imperatives* (New York, 1997)，以及 Robert D. Kaplan, *The Coming Anarchy: Shattering the Dreams of the Post-Cold War* (New York, 2000)。

32. 例見 John Mueller, *Overblown: How Politicians and the Terrorism Industry Inflate National Security Threats, and Why We Believe Them* (New York, 2006)。

33. 參見 Department of Homeland Security, *Progress in Developing the National Asset Database*, Washington, DC, June 2006。

34. www.usdoj.gov/oig/reports/plus/a0720/final.pdf.

35. Machiavelli, *Fyrsten*, chap. 9.7, p. 55，以及 www.gutenberg.org/etext/1232。

36. Robb Willer, "The Effects of Government-Issued Terror Warnings on Presidential Approval Ratings," *Current Research in Social Psychology*, 10 (2004).

37. George W. Bush, "Presidentens tale om rikets tilstand," *Morgenbladet – bilag om Irak-krisen*, 14 March 2003, pp. 26-8，以及 www.whitehouse.gov/news/releases/2003/01/20030128-19.html。

38. 參見 Eric Alterman, "Fear: What Is It Good For?," *Social Research*, 4 (2004), p. 1008。

39. 參見 Max Rodenbeck, "How Terrible Is It?," *New York Review of Books*, 19 (2006)。

40. www.angus-reid.com/polls/index.cfm/fuseaction/viewItem/itemid/14948.

41. 我也在我的著作 *Ondskapens filosofi* (2002) 第二版最後一章討論了這點。

42. Mark Mazzetti: "Spy Agencies Say Iraq War Worsens Terror Threat," *New York Times*, 24 September 2006.

43. *National Strategy for Combating Terrorism* (2003), p. 1.

44. 同上，p. 1、30。

45. 同上，p. 1。

46. www.whitehouse.gov/news/releases/2002/06/20020601-3.html.

47. Michael Ignatieff, *The Lesser Evil: Political Ethics in an Age of Terror* (Princeton, NJ, 2004).

48. 參見 Yaseen Noorani, "The Rhetoric of Security," CR: *The New Centennial Review*, 1 (2005)。

49. Ulrich Beck, "The Silence of Words: On Terror and War," *Security Dialogue*, 3 (2003), p. 263.

50. Carl Schmitt, *Der Begriff des Politischen* [1932] (Berlin, 1996), p. 37.
繁體中文版《政治性的概念》，卡爾・施密特，姚朝森譯，聯經出版公司，2005

51. 最爲激烈的提案由《國內安全強化法》(*The Domestic Security Enhancement Act*) 制訂出來 (www.publicintegrity.org/docs/PatriotAct/story_01_020703_doc_1.pdf)。法案中包含這樣一條：任何美國公民支持美國當局所判定的恐怖組織之活動，他或她都會喪失公民權。簡而言之，要是這名美國公民出現在美國境內可被定義爲侵犯國家利益，即可將此人驅逐出境。美國司法部擬訂的這項法案在二〇〇三年

二月被洩露，始終不曾成爲正式提案，但值得一提的是，它來到了官方草案的層次。即使如此，這一激烈提案獲得通過的可能性仍然極低，但它仍稱得上是延續了對個人自由的其他侵害。

52. www.cnn.com/2005/politics/12/19/nsa/index.html.

53. 比方說，布希政府大舉削弱了權力分立原則，將（總統）行政權擴充到了遠大於權力分立所授權的範圍。參見 Elizabeth Drew, "Power Grab," *New York Review of Books*, 11 (2006)。

54. 引自 Louise Richardson, *What Terrorists Want* (New York, 2006), p. 205，以及 www.brainyquote.com/quotes/quotes/b/benjaminfr110256.html。

55. 同上，pp. 5ff。

56. 關於「恐怖分子」概念（以及定義這個概念所涉及的問題）易讀且頗有見地的研究，參見 Phil Rees, *Dining with Terrorists*, 2nd edn (London, 2005)。

57. 參見 Svendsen, *Ondskapens filosofi*。

58. 我在 *Ondskapens filosofi*, pp. 195-210 進行過一些試探。對這個問題清晰易讀的討論，實例參見 John Keane, *Reflections on Violence* (London and New York, 1996)。

59. 參見 Chris Sparks, "Liberalism, Terrorism and the Politics of Fear," *Politics*, 3 (2003)。

60. Richardson, *What Terrorists Want*, p. 142.

61. Michael Walzer, "On Negative Politics," in *Liberalism without Illusions*, Bernard Yack 編 (Chicago, il, 1996).

7 超越恐懼？

1. Adam Phillips, *Terrors and Experts* (Cambridge, MA, 1997), p. 46.

2. 參見 Eric A. Posner and Adrian Vermule, "Accomodating Emergencies," *Stanford Law Review*, 56 (2003)。

3. Giorgio Agamben, "The State of Emergency," www.generation-online.org/p/fpagambenschmitt.htm.

4. Wole Soyinka, *Climate of Fear* (London, 2004), p. 46.
繁體中文版 《恐懼的氣氛》，渥雷・索因卡，陳雅汝譯，商周出版，2007
5. news.bbc.co.uk/1/hi/world/americas/4292114.stm.
6. 參見 Frank Furedi, *Culture of Fear: Risk-taking and the Morality of Low Expectation*, revd edn (London and New York, 2005), p. 53。
7. Soyinka, *Climate of Fear*, p. 5.
繁體中文版 《恐懼的氣氛》，渥雷・索因卡，陳雅汝譯，商周出版，2007
8. Michel de Montaigne, "Om erfaring," in *Essays*, trans. Beate Vibe (Oslo, 1996), p. 287.
繁體中文版 《蒙田隨筆 第 3 卷》，〈論閱歷〉，蒙田，馬振騁譯，五南，2019
9. Joseph Conrad, "An Outpost of Progress," in *"Heart of Darkness" and Other Tales* (Oxford, 1990), p. 21.
10. Aldous Huxley, *Vidunderlige nye verden* (Oslo, 1982), p. 181.
繁體中文版 《美麗新世界》，阿道斯・赫胥黎，吳妍儀譯，野人，2021
11. J. G. Ballard, *Running Wild* (London, 1988).
12. 一九九〇年代也出現了過度保護的家長讓子女產生「冒險缺失症」（adventure deficit disorder）的報導，意思是說，子女的生活缺少刺激（參見 Renata Salecl, *On Anxiety*, London, 2004, p. 3）。要把此事說成精神疾患，首先有部分是該領域內普遍的誇大，但這同時也指出，當我們的生活被過度保護時，我們會感到不舒服。
13. Chuck Palahniuk, *Invisible Monsters* (London, 1999), p. 256.
繁體中文版 《隱形怪物》，恰克・帕拉尼克，黃涓芳譯，尖端，2011
14. 悲觀作為一種思考模式的觀點，例見 Joe Bailey, Pessimism (London and New York, 1988); Oliver Bennett, *Cultural Pessimism: Narratives of Decline in the Postmodern World (Edinburgh, 2001); Michael Pauen, Pessimismus: Geschichtsphilosophie, Metaphysik und Moderne von Nietzsche bis Spengler* (Berlin, 1997)。
15. 關於進步概念的邏輯與歷史，清晰易讀的研究參見 Friedrich Rapp, *Fortschritt: Entwicklung und Sinngehalt einer philosophischen Idee* (Darmstadt, 1992); Robert Nisbet, *History of the Idea of Progres*s (New York, 1980)。

16. Zygmunt Bauman, *Flytende Modernitet*, trans. Mette Nygård (Oslo, 2001), p. 153.
繁體中文版 《液態現代性》，齊格蒙・包曼，陳雅馨譯，商周出版，2018
17. Ernst Bloch, *Das Prinzip Hoffnung*, vol. I (Frankfurt am Main, 1985), p. 1.
18. Francis Herbert Bradley, *Aphorisms* (Oxford, 1930), § 63.

恐懼的哲學

Frykt

作者　拉斯・史文德森 Lars Fr. H. Svendsen
譯者　蔡耀緯

副社長　陳瀅如
總編輯　戴偉傑
主編　李佩璇
編輯　邱子秦
行銷企劃　陳雅雯、張詠晶
內文排版　張家榕
封面設計　徐睿紳

出版　木馬文化事業股份有限公司
發行　遠足文化事業股份有限公司（讀書共和國出版集團）
地址　231 新北市新店區民權路 108-4 號 8 樓
電話　(02)2218-1417
傳真　(02)2218-0727
Email　service@bookrep.com.tw
郵撥帳號　19588272 木馬文化事業股份有限公司
客服專線　0800-221-029
法律顧問　華洋法律事務所　蘇文生律師
印刷　漾格科技股份有限公司
初版　2024 年 7 月
定價　380 元
ISBN　978-626-314-595-5
978-626-314-650-1（EPUB）
978-626-314-649-5（PDF）

恐懼的哲學／拉斯・史文德森（Lars Svendsen）作；
新北市：木馬文化事業股份有限公司出版：
遠足文化事業股份有限公司發行，2024.07
216 面；14.8×21 公分
譯自：A Philosophy of fear
ISBN 978-626-314-653-2（平裝）

1.CST：恐懼

176.526　　113004587